SD選書 264

建築美の世界

鑑賞・分析・比較

井上充夫著

鹿島出版会

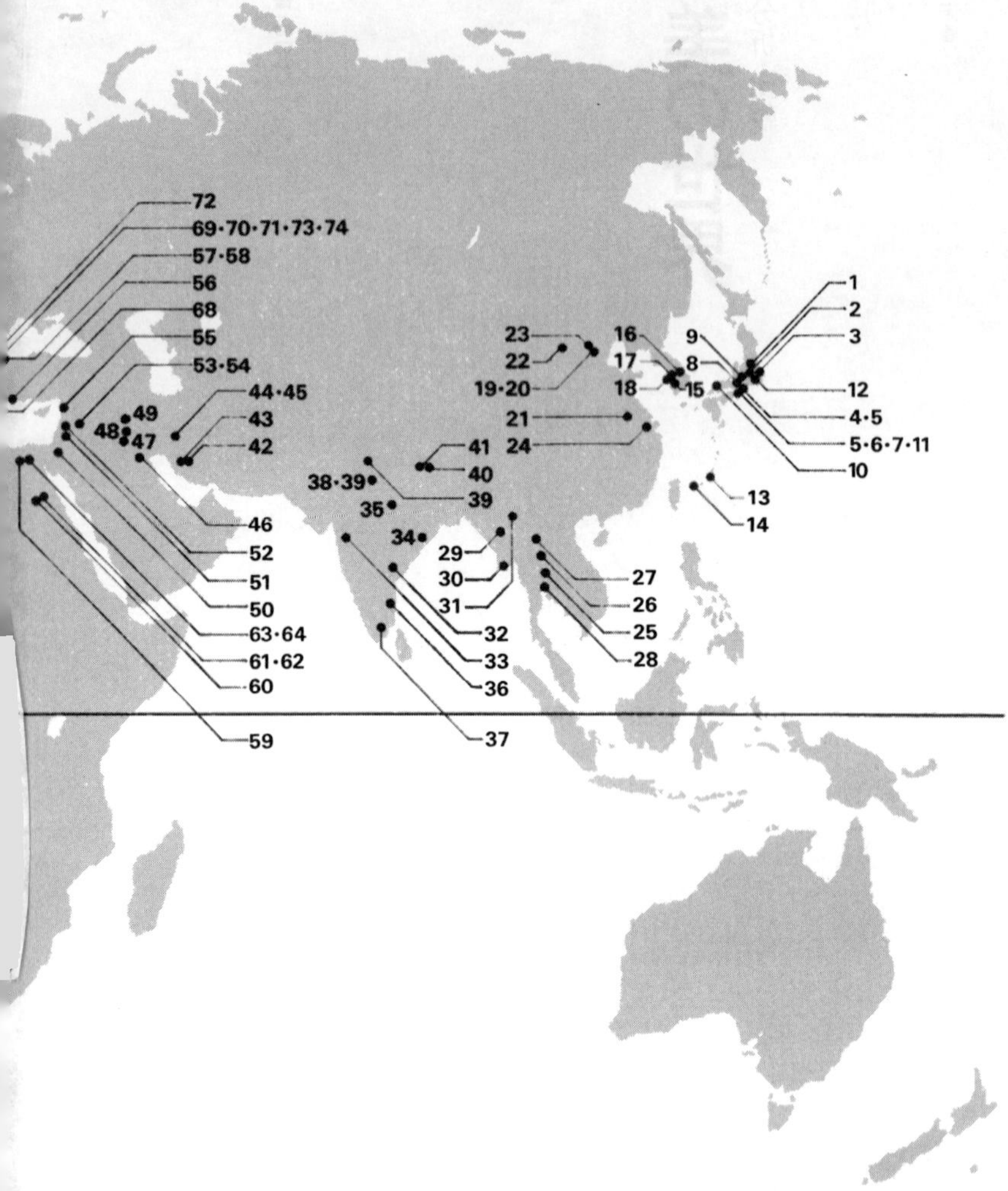

建築物所在地図（数字は本文の該当項目番号を示す。なお原位置に存在しない建築物等についても、その原位置を記入した。）

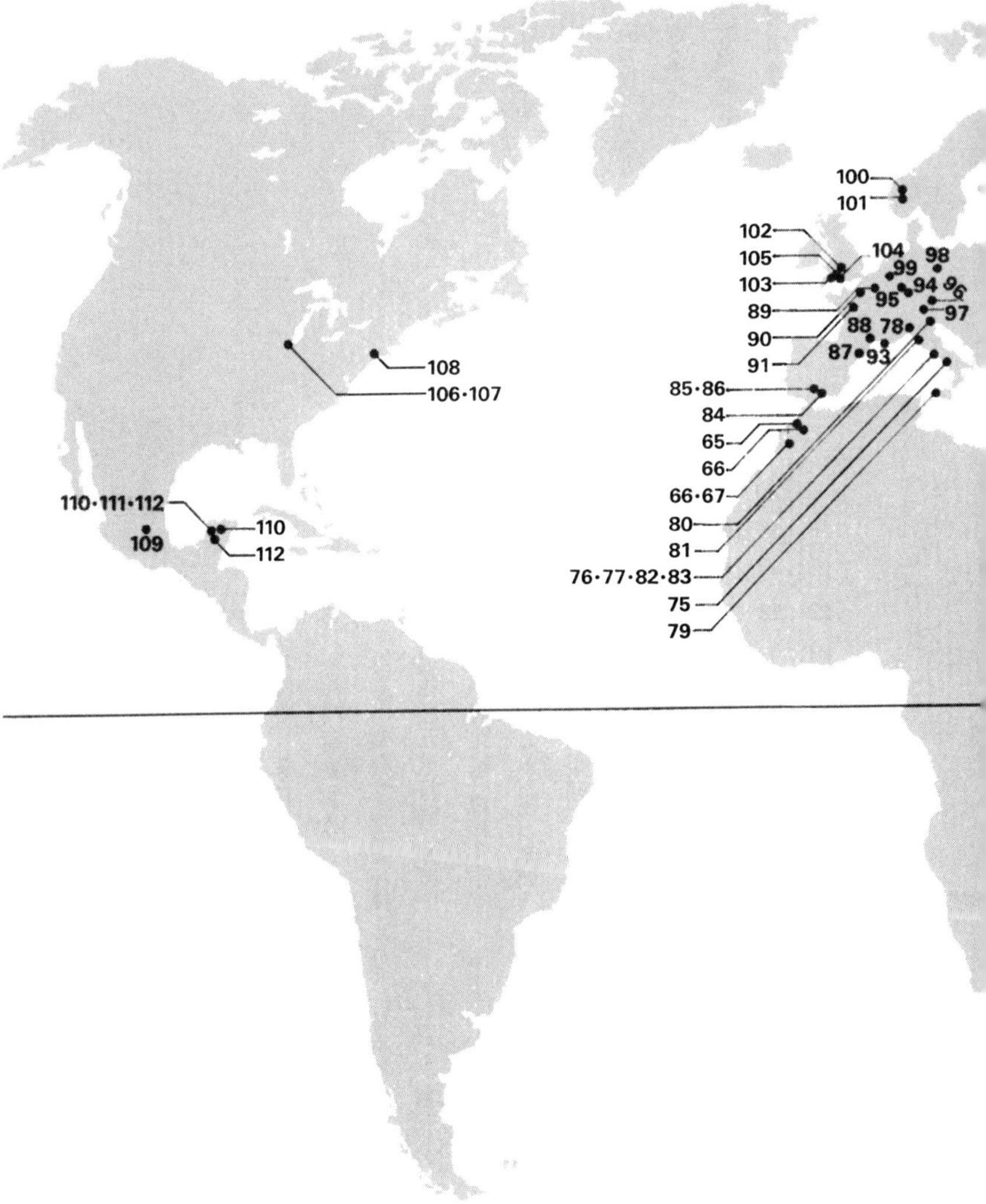
100
101
102
105
104
98
99
103
94
96
95
89
97
88
78
90
87
93
91
108
106·107
85·86
84
65
66
66·67
110·111·112
110
109
112
80
81
76·77·82·83
75
79

建築美の世界 鑑賞・分析・比較

目次

本書は一九八一年に小社のシルバーシリーズとして刊行した同名書籍の新装版です。国名は当時のママとしました。

脚注について

1・ゴチック体の数字は項目番号を示す。たとえば**1**は「**1** 洞窟」の項目をあらわす。

2・建築物の名称（および所在地）のあとの数字は、その建築年代を西暦であらわしたものである。数字が一つだけの場合は竣工年を示し、二つを横棒でつないだものは着工年と竣工年を示す。ただし建築物の着工・竣工の年代は異説のあるものが少なくないので、大体の目安とされたい。

3・人名のあとの括弧内の数字は生・没年を西暦で示したものである。ただし、支配者の即位・退位の年を記す場合は「在位」と記入して区別してある。

はしがき

建築美の復権

日本の建築界では、「美」とか「芸術」とかいう言葉は永いあいだ禁句であった。建築の美について、あるいは建築の芸術性について語ることはタブーであった。あるいは少なくとも、建築の美や芸術性を真正面からとり上げたり、それらについて大声で発言することはさし控えられた。建築の美や芸術性は、非公式の場で、ひそひそとささやかれるのが普通であった。そこには、なにか犯罪につながるかのような暗い雰囲気があった。

しかし建築に美を求めることは、それほど悪いことなのだろうか？　人びとが自分の住む家を美しくしたいと望み、そのために多少の費用をかけるのは、それほどいけないことなのだろうか？　人びとが、自分の住む町の公共建築や町並《なみ》に美を求めるのは不当な要求であろうか？　建築家が、そのような人びとの要求にこたえ、芸術的価値のある建築を創造するために努力することは、それほど不道徳な行為なのであろうか？　建築を依頼する施主も、それを設計する建築家も、またそれを見まもる公衆も、建築に美を求める心がある以上、建築美を実現するために努力しても少しもさしつかえないではないか。いや、むしろ努力するのが当然ではないか。建築に耐震・耐火性や使用上の便利さを要求することだけが良いことで、美を要求するのは悪いことだという考え方には、何の根拠もない。今や日本においても、建築美の復権の時期は来ている。

美の判断は主観的判断である

ところが建築の美や芸術性について語ったり、あるいは主張したりする場合、いつも障害になるような気がするのは、美的判断の「主観性」ということである。まずこの点について、本質をはっきりさせておかねばならない。

美的判断が主観的なものであることは、明白な経験的事実であって、これは昔も今もかわらない。主観的判断とは、他人に相談しないで、各人が「自分で決める」ということである。その点については、美は料理の味や風呂の湯加減と同じである。したがって、「美しい」というのは「私にとって美しい」ということに他ならない。美的価値に関するかぎり、つねに各人が最高の審判官である。[1] 美や芸術の世界では、「主観」こそ最も大切なのである。この点、「客観性」を重んずる自然科学や工学的技術の世界とは全く違う。美や芸術の世界では客観的原理などというものはない。カントも言うように、美的判断の客観的原理を立てることは絶対に不可能である。[2] 対象に美的価値を認定する主体はつねに各個人の主観である。すなわち、主観によってはじめて美的価値は成立する。美は、この私と対象物との出会いによって発する火花である。したがって当然、どの主観とも関係のない「客観的な美的価値」というものはありえない。[3]

美の判断は直観的判断である

1 ただしこれは，嘘をついたり出まかせを言ってもよいということではない。それらは美的判断とは関係がなく，むしろ倫理・道徳上の問題である。
2 Kant, I. ; Kritik der Urteilskraft. § 34
3 ここで，美的価値と美術品の価格とを混同しないでいただきたい。両者は本質上，別のものである。

美的判断の特性として、「主観性」のほかに今ひとつあげておかなければならないのは「直観性」である。美的判断は、何か一定の規準とか法則があって、それに照らし合わせてから決定されるのではない。いわば、対象を見た瞬間[4]に判断が下されるのである。あれこれ考えめぐらす必要もない。美は、理屈ぬきに美なのである。したがって論証したり討議したりする余地はない。また、自分の判断とちがった判断を下す他人を説得することも不可能である。つまり、美や芸術の世界は「問答無用」の世界である。[5]

この点もまた美や芸術の世界が、自然科学や工学的技術と根本的に違う点である。科学や技術では、すべて自然界の法則や数学上の定理に照らし合わせて判断が下される。また論証し、討議し、説得することもできる。つまり、すべてが「合理的」に処理される。ところが美的判断には、このような「合理的」手続きを必要としないし、またたとえ、そのような手続きを適用したとしても何の意味もない。いうなれば、美や芸術の世界は「無合理」の世界である。

以上のような美的判断の二つの特性、すなわち「主観性」と「直観性」という二つの事がらを、まずはっきりさせておいていただきたい。従来の建築界では、この点がどうも曖昧であった。たとえば、科学技術上の議論をそのまま美や芸術の問題に持ち込もうとしたり、あるいは美的価値を科学技術上の価値とすりかえようとするたくらみ[6]などが、しばしばみられた。しかしそれでは到底、建築美を正しく捉えることは不可能である。

4　ここで「瞬間」というのは，かならずしも時間的に短いことを意味しない。ながい熟視の結果，判断が下されることもある。

5　模写的な絵画や彫刻では，作品が模写対象に「どの程度似ているか？」によって「客観的に」評価されることがあるが，建築ではそのような模写対象さえもない。

6　たとえば20世紀前半に流行した機能主義理論などは，そのようなたくらみの例である。

それでは本書の目的は何か？

以上のように、美的判断が主観的であり、かつ直観的なものである以上、美について議論をしたり、論文を書いたりすることは、すべて無意味なはずである。それならば、なぜ私は本書のような書物を書くのであろうか？　それは全くナンセンスなことではないか？

この点については、私の最近の経験をのべよう。私が本書の原稿を書きはじめるころまで、Ａ新聞の第一面に大岡 信氏の「折々のうた」という記事が連載されていた。それは一回一〇行程度の短い囲み記事で、毎回、和歌・俳句・漢詩などを一つ、あるいはその一節をとりあげ、これに簡単な解説を加えたものであった。まず、文頭には和歌などが掲げられている。ところが、それだけを読んでも、私のような国文学の素養に乏しい者にはほとんど理解できない。そこでつぎに解説を読む。解説には、その歌の読み方や、味わい方や、作品としての特色などが解りやすく説明されている。そこで、その解説を読んでから再度、文頭の歌を読みなおす。するとこんどは、なるほどと納得がゆく。歌に描かれた情景や、原作者の気持や、そしてその歌の美しさが私に伝わってくる。つまり、そのときはじめてこの歌が私に「わかった」のである。

この例から明らかなことは、美的判断を下すわれわれの主観は、決して一定不変のものではないということである。ひとから、何に注目すべきかを指摘され、どのように味わうべきかを示唆されて、はじめてその「美」に気づくことが少なくない。そして「わからなかった」ものが「わかる」ようになる。つまりわれわれの美的主観は、変動し成長する柔軟な有機体なのである。芸術教育や芸術批評が可能な根拠はここにある。

しかしこのことは、美的判断が主観的かつ直観的であることと少しも矛盾するものではない。あるものが美であることを他人に論証することはできない。しかし自分が美と感ずるものの具体的な例をひとに提示することはできる。そして、そのどこが美しいかという点について、ひとの注目を要求することもできる。説得することはできないが共感を求めることはできる。強制することはできないが勧誘することはできる。拘束することはできないが招待し案内することはできる。

私は以上のような可能性を信じて、本書を書くのである。建築の美を、少しでも広く、少しでも深く人びとに味わってもらうために、その手引きとして本書を書くのである。

建築美の広さと豊かさ

私が本書でとくに意図したのは、建築美の世界の「広さ」と「豊かさ」を示すことである。建築美は決して単一のパターンで顕現するのではない。世界中の人びとが、それぞれの建築に美を求めて、創りだした形態の種々相、その驚くべきヴァラエティーを遍歴するのが本書の主な目的である。そのため私は一一二の実例をとりあげた。そのなかには現存する建築物もあるし、消滅したものもあるし、また計画だけにおわったものもある。これらの実例を選ぶのに私が一番苦心したのは、かぎられたページ数のなかで、どうすれば広大な建築美の世界を万遍なく見わたせるか、ということであった。そのため私は、可能なかぎり巨視的な立場をとった。

ある特定の地域の、特定の時代の建築について、精密に観察するのも一つの方法である。しかし、われわれが将来あるべき建築の美について考え、あるいは意志を決定するための踏み台をつくるためには、まず建築美の世界の「広さ」を見きわめることが必要だと信ずる。たとえば一本の直線を引こうとする場合、その直線上の二つの点が与えられればよい。しかし、その二点間の距離が遠ければ遠いほど、精確に直線を引くことができる。これと同じく、われわれが将来進むべき道を見定めるためには、規準となる二点間の距離は遠いほどよいのである。

独創を重視する

なお本書にあげた実例の選定上、留意したことが今ひとつある。それは「独創性」を重視した点である。芸術では美的価値のほかに、つねに独創性が重視される。芸術の世界では、一つの作品がどんなに美事な出来栄《ば》えであっても、もしそれが誰か別人の作品の模倣であったならば、無価値とされる。「偽作」とか「贋作」とか「盗作」という汚名をきせられる。芸術としての建築についても事情はかわらない。たとえば一つの建築物が実用上、充分役立っていても、それが他の建物の模倣であれば、芸術的には価値がない。

　このような理由から本書では、たとえばヨーロッパの一五世紀から一九世紀の間の建築はほとんどとり上げなかった。それは、当時の建築が古代ローマその他過去の建築の模倣だったからである。そしてただ、時代の美的感覚の流れを示すため最少限の実例をあげるにとどめた。しかし広い世界には、このヨーロッパ近世の模倣建築をさらに模倣した国々も少なくない。それらは勿論、すべて無視した。

　また同じ考え方から、違った国々の間の「影響」ということにも重点を置かなかった。従来の建築史では国と国との影響関係ということが重要な研究テーマである。しかし本書ではむしろ、他国から影響を受けないで発生し、発展した建築に重点をおいた。また相互に影響があったことが明らかな場合は、両者の類似点よりも、相違点に注意した。これは各民族や各国民の独創を重視する以上、当然である。辺境の小さな国や少数民族の建築に、過大とも思われるページ数をさいたのは、かれらの独創性を重んじたからに他ならない。しかも、相互間に直接の影響なしに発達した二つの地域の建築の間に類似性が認められる場合は、とくに注目した。それらは建築芸術の最も普遍的な基本性質を暗示すると考えられるからである。

なお本書のなかでは日本建築の項目数が最も多いけれども、これはとくに日本を優遇したわけではない。これは配列の都合上、日本建築の項目の一部に本書全体の序論的な役目を兼ねさせた結果である。すなわち項目の1から5までがそれで、1から3（建築の原型Ⅰ・Ⅱ・Ⅲ）は世界の建築全体に関する序論の意味をもち、また4と5は木造建築全体に関する序論の意味をもっている。このように全般的な事がらをすべて日本の実例によって説明しようとしたため、本書全体の序章としてみると組み立てがやや偏跛《へんぱ》になっている。[7] しかし本書では読み易さという点を考慮して、あえて右の方針を採用し、不備な点はつとめて後の項目で補うようにした。

読者への御詫びと御願い

本書にとり上げた実例は、特殊のものを除き、すべて私自身が現地を訪ねたものであるか、あるいは実物に接したものである。そして掲載した写真は、すべて私自身が撮影したものである。これ

7　たとえば本書全体の序章としては，4「屋根だけの建築」のつぎに「壁だけの建築」という項目がはいり，5「架構」のつぎに「組積造」の項目があった方がよいが，これらの項目は日本建築としては必要がないので，いれなかった。

は建築の美について、私自身が体験し、私自身が感じたことを率直に読者に伝えるという本書の役目からして、当然の処置と思う。ところが結果は必ずしもよくなかった。建築美に関する本であるにかかわらず、写真はあまり美しくない、という皮肉な結果になった。その最大の原因は、私の写真術が拙い点にある。しかし今ひとつの原因は、私の用意したフィルムが少数のものを除き、すべてネガカラーとカラースライドであるという点である。これらのフィルムから白黒の図版にしたため、調子が甘くなり、あるいは画面の荒れたものが少なくない。これらの点は読者に深く御詫びすると同時に、将来、本書のカラー版を出版する機会がくれば、ぜひ償いたいと考えている。

なお建築を文章で記述する場合、どうしても必要になるのは建築術語と寸法に関する記載である。ところが読者の立場からすると、これほど面白くないものはない。厄介な術語と無表情な数字の羅列ほどうんざりするものはない。そのため本書では、術語の使用と寸法の記載は最少限度にとどめた。それらは建築を理解する上で最少限必要なものであるから、どうか我慢して読んでいただきたい。

しかし建築の真の美的価値は、究極のところ実物に接することによって、はじめて完全に捉えることができる。建築は、絵画や彫刻とはちがって巨大な立体であり、内部空間があり、周囲の環境との関連性がある。それらを理解するためには、写真や図面や文章だけではどうしても不充分である。そこで読者に御願いしたいのは、本書にあげた建築の実物をぜひご自分の眼で見ていただきたい、ということである。そしてその上で、美醜を判断していただきたいのである。

くり返して言うが、美的判断は主観的判断である。本書では、私が美しいと感じた建築の例をあげたにすぎない。それらに関する私の記述は独断と偏見に満ちている。それらの建築が美しいか否かは読者ご自身で判断していただくべきことである。そしてその上で、各読者ご自身の「建築美の世界」を組み立てていただくことを、切に御願いする次第である。

第一部
東洋

1 洞窟（建築の原型 そのI） 日本1

洞窟は、あらゆる建築の原型のひとつである。しかも最も根源的な原型である。人類が、風雨や寒暑や外敵などから自分の身をまもるために避難所として最初にえらんだのは、自然の岩窟や大木の幹のほら穴だったであろう。

洞窟には内部空間はあるが、外観はない。洞窟のなかにいる人は、その内部を隈《くま》なく見回すことができる。しかし外部からは、せいぜい出入口が見えるだけで、洞窟そのものを見ることはできない。見えるのはただ崖《がけ》や山や、生えている草や木だけである。これは洞窟の外観ではない。このように、内部空間だけがあって外観のない建築という意味から、洞窟を「純粋内部空間」とよぶことができる。しかし一般にすべての建築の内部空間は、内部空間だけについてみれば、洞窟の内部と原理的に同じである。したがって洞窟は、内部空間をもつあらゆる建築の原型ということができよう。

ところで洞窟は、原始時代には住居としてひろく用いられたと思われる。そのうちには鍾乳洞などのような自然のものもあったであろうし、人工的に穿《うが》たれたものもあったであろう。中国の一地方では、現在でも黄土《こうど》の崖を利用して造られた洞窟住居に住んでいる人びとがある。インドでは岩窟寺院[1]や岩窟僧房が中世ごろまで実際に用いられた。また現代日本の地下商店街や地下駐車場、地下鉄の駅などは、この洞窟系統の純粋内部空間からなる建築である。

しかし洞窟が、最も多くの国々で歴史を通じてひろく用いられたのは、墓としてである。日本では、自然の崖を利用して造られた岩窟墓は「横穴」とよばれ、各地に例がある。図に示した中田横穴[2]は六世紀につくられたものと言われ、内部に装飾文様《もんよう》が描かれているので有名である。しかも文様がすべて三角形からできている点に注目したい。内部空間を美しくするために、古代人がいかに大胆に抽象文様を用いたかを示す好例である。これは建築芸術の原型でもある。

1　33参照
2　中田横穴は福島県いわき市沼内所在。前室・中室・後室の３室からなり，後室に彩色文様がある。写真で白い三角は白色，黒い三角は赤色である。

上図　中室より後室内部をみる。
下図　後室内部より，中室との境の出入口をみる。

2　柱（建築の原型　そのⅡ）　日本2

建築の原型として二番目に重要なのは「柱」である。図に示したのは長野県諏訪大社上社《かみしゃ》本宮の一之《いちの》御柱《おんばしら》である。四本の御柱が境内のほぼ四隅に立てられているが、この種の柱は諏訪大社の他の三つの境内にもある。

これらの柱がどのような意義をもつものであるか、ということについては種々の説がある。たとえば、これは諏訪明神の御神体であるとする説、神が降臨したとき仮りに宿る場所すなわち依代《よりしろ》であるとする説、神聖な境内の限界を表わす標識であるという説など、枚挙にいとまがない。しかし何分、起源が古いので、はっきり解らない。ただここで言えることは、これらの柱が何らかの宗教的意義をもっている、ということである。その宗教的意義の具体的内容は何にせよ、そのような意義を表現するために、柱が用いられていることは確かである。このことは建築の立場から、きわめて重要である。

一般に柱は、情報を伝達するための媒体として用いられることが多い。巨石文化時代のメンヒル[1]、アメリカン・インディアンのトーテム・ポール[2]、古代エジプトのオベリスク[3]など、すべて柱の形をしている。これらの柱状物はすべて、何らかの思想や知識を伝える役目を果たしている。それでは、なぜ柱がこのような用途に用いられることが多いかといえば、その第一の理由は「高さ」である。高い柱は遠くからでも、どんな方角からでもみえる。第二の理由は、人びとの心に柱が与える一種の「緊張感」である。われわれは高い柱を見るとき、太く重い物体を重力に反抗して押し立てようとする人間の積極的な意志の力を感じとる。このような柱のもつ緊張感は、宗教思想その他の情報内容を強力に印象づけようとする場合、きわめて好都合である。このことは人類の歴史を通じて立証される。仏教寺院の五重の塔[4]やキリスト教会堂の尖塔をはじめ、エッフェル塔から超高層ビルにいたるまで、すべて諏訪の御柱の子孫であり、その展開にほかならない。

1　Menhir　巨石記念物（102参照）の一種で，1本の石を地上に立てたもの。
2　Totem Pole　北アメリカやカナダの原住民が部族のシンボルとして立てる木柱で，動物の形などを彫刻し彩色する。
3　Obelisk　古代エジプトで太陽神のシンボルとして立てられた石柱。正方形断面で先端が尖り，表面に文字を彫る。
4　6参照

21——20

3 塚（建築の原型 そのⅢ） 日本3

情報伝達の媒体として用いられやすい建築形態の原型としては、「柱」のほかに「塚」がある。塚とは地上に土を高く盛りあげたものである。

上図は中世の絵巻物「餓《が》鬼《き》草《ぞう》子《し》」の一部分で、土を盛りあげた幾つかの墓が描かれている。とくに中央上部の二つは土だけでできている。これはいわゆる土《ど》饅頭《まんじゆう》で、墓の最も基本的な形の一つである。土饅頭の大きなものは円墳とよばれ、世界中にひろくみられる。日本にも韓国にも中国にもあり、インドではこれがストゥーパ[1]とよばれる仏教のシンボルとなった。西洋ではエトルリアやローマの墓として発達する。それらはしばしば、土のかわりに煉瓦や石を用いることによって耐久性が与えられ、また台座の上に築かれることもあり、日本の前方後円墳のように四角い部分が付加されることもあった。

しかし塚は、墓としてだけ造られたわけではない。下図は一七世紀のはじめ、徳川幕府が各街道に造らせた「一里塚」[2]の例である。すなわち、四キロごとに道路の両側に築いた塚で、もとは下底が一辺九メートルの正方形であったが、いまでは形が崩れ、頂上に植えた榎《えのき》だけが大きくなっている。これは方形プランの塚が道路標識として用いられた場合であるが、宗教施設や墓にも方形プランのものが少なくない。メソポタミアのジッグラト[3]をはじめ、エジプトのピラミッド[4]や中国古代の帝王の墓などはその例である。

一般に土や石や煉瓦を積み上げることも、柱を立てることと同様、人間の建築行為の基本的な要因である。塚が各種の情報を伝えるための媒体として用いられたことは、ごく自然である。柱のような緊張感はないが、そのかわりに塊量性と安定感がある。しかし塚の文化は日本ではあまり発達しなかった。むしろ石や煉瓦を主に使う外国の文化圏において、建築の造形全体に大きな影響をおよぼした。たとえば西洋やイスラム圏で発達したドーム[5]は、外観上は一種の塚である。

1　32，33参照
2　壬生一里塚　栃木県下都賀郡壬生町壬生所在。1604年。
3　46参照
4　59参照
5　たとえば38，64，82参照

23——22

4 屋根だけの建築

日本4

洞窟ではなくて、地上に住居を組み立てねばならない場合、原始人はどのような形のものを造ったであろうか？ それは多くの場合、屋根だけの建築であったと思われる。別の言い方をすれば、まだ屋根と壁が分化しない段階の建築であったと思われる。しかしその具体的な形は、土地の気候や使用材料によって違ったであろう。雨量が多いか少ないか、主として土や石を用いるか、木や草を用いるか、布や革を用いるか、などによって変わる。日本のように雨や雪が多く、木材の豊かだった国では当然、傾斜した屋根面をもち、直線形からなる建築形態が発達したはずである。

日本におけるこの種の屋根だけの建築については、考古学的な資料からも推測できるが、ここでは伊勢神宮の御塩焼所《みしおやきしょ》の建物をあげよう。(上図) これは神宮に供える塩をつくるための施設の一つで、二見が浦の近くにある御塩殿《みしおでん》神社に付属する。その内部には大きなかまどがあり、塩水を煮沸して荒塩《あらじお》をつくる。外観は写真でみられるとおり、二枚の大きな茅葺《かやぶ》きの屋根を葺いた切妻妻入《きりづまつまい》り[1]の建物である。しかも左右両側面の柱はごく短く、正面からみると、ほとんど一つの三角形のようである。この御塩焼所の建物の形式は、明治ごろまで伊勢地方にあった民間の製塩場の釜屋《かまや》からきていると考えられるが、その方はいっそう素朴な建物で、柱はすべて丸太を用い、下部は掘立《ほった》て[2]とし、棟木の両端を棟持《むなもち》柱《ばしら》[3]で支えていた。(下図)

一般に屋根だけの建築は、住居としては比較的早い時期に行なわれなくなったが、倉庫や工業建築としてはずっと近世まで用いられた。右にのべた製塩業建築もそうであるし、中国地方で近世まで行なわれた製鉄所建築にも屋根だけのものがあった。農村の肥溜《こえだめ》の上家《うわや》もそうであった。また一方、近代の飛行機格納庫やタンクの類、その他工場建築などには、屋根と壁の区別のないもの――すなわち屋根だけの建築――が多いことも注意すべきである。

1 切妻は2枚の傾斜した屋根面だけからなる屋根。妻入りは長方形プランの建物の場合，建物の短い側面に主な出入口があること。ただし棟のある建物では，大棟に直角な側面に主な出入口があること。

2 掘立て 柱の下部を地中に埋めて立てること。

3 なお棟持柱については次項参照。

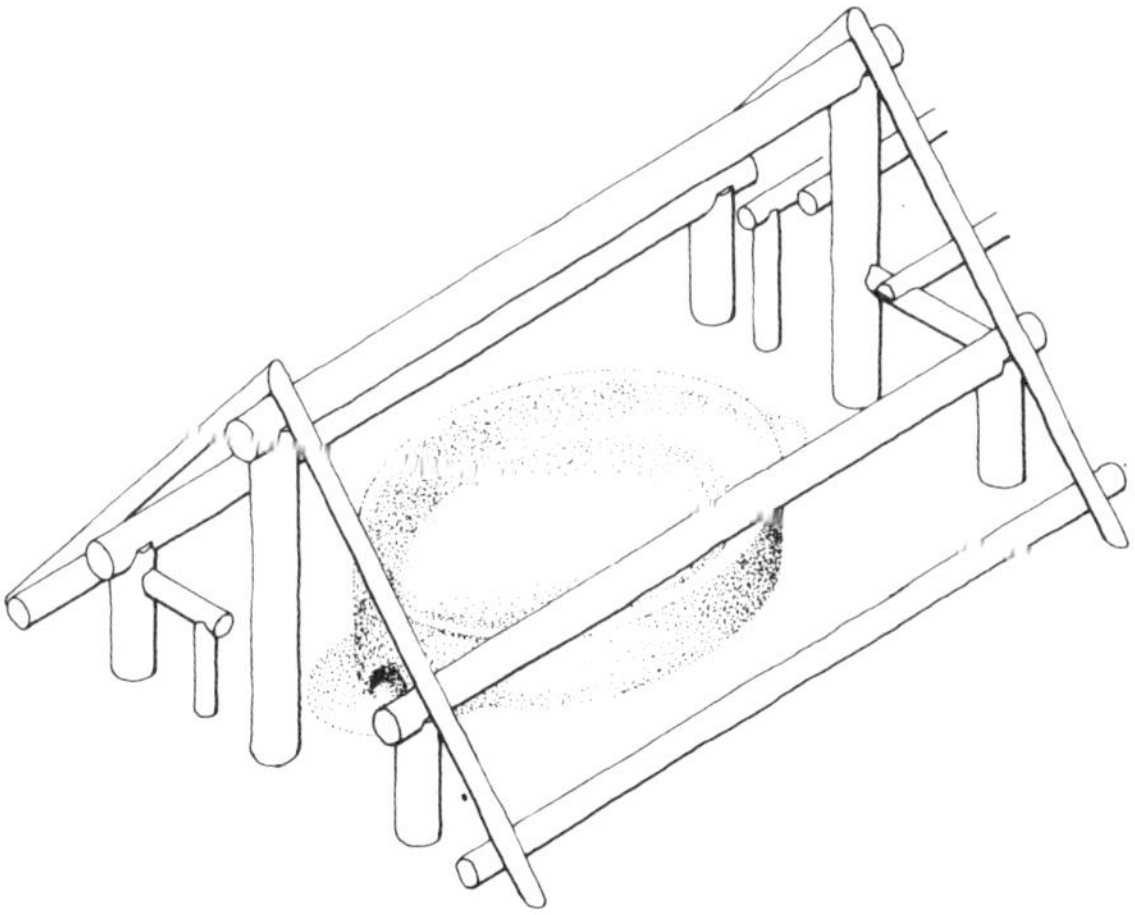

25——24

5 架構

日本5

屋根だけの建築の次の段階では、内部空間を広く使いやすくするため、屋根を高く持ちあげ、周囲に壁をつくるようになる。この場合、屋根をささえる骨組構造が工夫されねばならない。これが「架構」である。本項では日本古代に用いられた二種類の架構法をあげる。

上図は伊勢神宮の社殿の一つ[1]で、棟持柱《むなもちばしら》による架構を示す。妻《つま》[2]の中央部に壁から離れて立つ特別太い柱が棟持柱で、これが棟木を支える。現在、棟持柱は左右両妻に一本ずつ、計二本しかないが、元来は真中にもう一本あったはずである。[3]前後の桁《けた》[4]は、壁を構成する四本ずつの短い柱で支えられる。すなわちこの架構法では、屋根の荷重は、棟木にかかる分は棟持柱に伝えられ、桁にかかる分は壁つきの柱に伝えられる。棟持柱とは別に妻の壁面の中央にある柱は、壁を補強するだけのものであり、その上の束《つか》[5]も本来はなくてよいものである。つまり、上からくる力を、その場その場に柱を立てて受けとめてゆくところにこの架構法の特徴がある。このように素朴な架構原理が、たとえ表面的にせよ、伊勢神宮の建築に保存されていることは驚くべきである。

下図は中国系の架構法の典型的な実例[6]である。この建物の主要部は中央の二柱間分の母屋《もや》で、真中の棟木とその左右の母屋桁《もやげた》[7]は二重の虹梁《こうりょう》[8]と三つの板《いた》蟇股《かえるまた》で支えられ、長い方の虹梁の両端は二本の柱で支えられる。[9]また右端と左端の低い柱間の部分は庇《ひさし》とよばれ、ここにもそれぞれ短い虹梁がかかり、板蟇股を介して中間の母屋桁を受ける。すなわちこの架構法の特色は、梁と板蟇股を用いる点にある。ここでは上からくる力が、梁を曲げようとする力に変えられ、それがさらに両側の柱に伝えられるのである。この種の架構は勾配の緩い屋根を支える場合、とくに便利で、中国系の建築文化圏では最もひろく採用された。[10]日本で現在普通に用いられている和小屋《わごや》[11]も、この板蟇股を束で置きかえたものにすぎない。

1　皇大神宮の別宮のひとつ荒祭宮（あらまつりのみや）。なおこの社殿は，中世までは壁つきの柱のない「板倉造り」であった。

2　妻　屋根の大棟に平行な，建物の側面を「平（ひら）」とよび，直角な側面を「妻（つま）」とよぶ。ただし本書では，水平屋根の建物でも，長い側面を「平」とよび，短い側面を「妻」とよぶ場合がある。

3　真中の棟持柱は奈良時代ごろ，梁と束で置きかえることにより，取り除かれたと思われるが，現在も「心の御柱」として痕跡が保たれている。

4　桁　屋根の流れに直角方向の水平材で，棰（たるき）を受けるもの。
5　束　短い柱のこと。
6　法隆寺伝法堂　写真はその西面。8世紀の建物。
7　母屋桁　桁（本項注4）のうち，棟と軒の中間にあるもの。単に母屋ともいう。
8　虹梁　中ほどの高くなった曲線状の梁。

（29ページに続く）

6　法隆寺五重塔　日本6

五重塔は高層建築である。屋根のある正方形の建物を五つ積みかさねた形である。ただし実際には、二階以上には床《ゆか》がなく、内部空間として使用できるのは一階だけである。にもかかわらず、二階以上に縁側の勾欄《こうらん》がついていて、いかにも人間が住めるように見せかけている。これは六世紀末から七世紀の初めごろ、仏教寺院の塔の形式が日本に輸入されたとき、中国の手本がそうなっていたからであろう。しかし中国では、はるかに古い紀元前後の時代から、この種の木造高層建築があった。したがって、元来は上層部も実際に用いられる高層建築の形が、仏教寺院にとりいれられ、時代を経るにしたがい、次第に上層部分が形骸化したものと思われる。すなわち、五重塔の二階以上は一種の残留形式であり、視覚的な目的だけのために保存されたものである。

ところで、五重塔が仏教建築であるという外観上の目印《めじるし》は、最上層の屋根の上に立っている青銅製の相輪《そうりん》である。相輪はインドのストゥーパ[1]の形を真似たもので、下部の四角い露盤《ろばん》は台座であり、その上に半球を伏せた形の伏鉢《ふくばち》が主体で、その上の九輪《くりん》[2]は何重にも重ねた傘の変化したものである。すなわち、五重塔の元来の本体はストゥーパの形をした伏鉢である。インドではすでに、ストゥーパは釈迦ないし仏教のシンボルとなっていたから、中国でもこれをそのまま仏教のシンボルとして採用したにすぎない。

ただここで特に注意しなければならないことは、インドでは半球を伏せた形が造形上の主体であったのに対し、中国ではそれがひどく萎縮し、そのかわりに高層建築の形が主体となっている点である。いいかえれば、インドでは「塚」[3]の建築であったのに、中国では「柱」[4]の建築に変化したのである。両者は仏教のシンボルとして同一内容の情報を伝える役目をもつにもかかわらず、全く異なった造形原理にもとづいている。このことは、中国建築とインド建築の基本的性格の相違を物語るものであろう。

1　32，33参照
2　九輪　ここでは名称どおり九つの輪の形をしているが，元来は円盤状の傘で，数も九つとはかぎらなかった。32，33参照
3　3参照
4　2参照

（27ページから続く）

9　図の真中の柱は壁を支えるためのもので，両妻だけにあり，内部の架構にはないから，とり除いて考える必要がある。また中ほどの2段の細い水平材は後世，補強のため挿入したものである。

10　たとえば18参照

11　和小屋　西洋風構造法が輸入されるまで日本で最もひろく行なわれた屋根裏の構造法で，垂直・水平の部材により組み立てるのが特徴。

7 唐招提寺金堂

日本7

古代における中国式仏堂の代表例として唐招提《とうしょうだい》寺《じ》の金堂をあげた。その建築的特色の主なものを列挙すれば、一 南面すること、二 平入《ひらい》[1]りであること、三 基壇の上に建つこと、四 瓦葺きであること（以上、上図参照）、五 軒を斗栱《ときょう》[2]で支えていること（下図参照）である。ただしこれらの特色は、仏堂建築だけの特色ではなく、中国文化の輸入にともない日本で建てられるようになった建築の主なもの、たとえば宮廷の大極殿《だいごくでん》[3]なども同様であった。のみならずこれらは、中国における建築全般の基本形式でもあった。すなわち中国の住宅・宮殿・官庁・仏寺・道観[4]・学校などの主な建物も、基本的にはこれと同じであった。しかも中国本土には古い時代の実例が乏しいので、八世紀末に日本で建てられたこの金堂を、中国の唐時代の代表的建築と見なさなければならないのである。

ところで右の五つの特色のうち、とくに重要なのは、二の「平入りであること」と五の「軒を斗栱で支えていること」の二項目である。中国系以外の文化圏で平入りの建築を主とするところはほとんどなく、ただ西方アジアや古代ローマ建築に若干の例があるくらいで、すべて妻入り[5]を基本とするといってよい。また中国式建築における斗栱は、軒先だけでなく、天井や梁などを支えるためにも広く用いられ、それがさらに造形的な修飾を受け、中国系建築独特の細部要素となっている。これはイスラム文化圏のスタラクタイト・モチーフ[6]に匹敵する。

なお唐招提寺金堂で目立つのは、屋根が四注《しちゅう》[7]であることと、前面一間どおりが吹き放し[8]であることである。四注である点は、後世の日本の仏堂その他の重要建物がほとんど入母屋《いりもや》[9]であるのとくらべ、やや異国風な感じを与える。なお大棟の両端についている鴟尾《しび》は、棟の線を上方へ跳ね上げる視覚的効果をもち、日本後世の鯱《しゃち》[10]に似ている。また前面の吹き放し部分は、前庭の外部空間の延長であって、これも中国建築[11]にしばしばみられる取扱いである。[12]

1　平入り　長方形プランの建物の場合，建物の長い側面に主な出入口があること。ただし棟のある建物では，大棟に平行な側面に主な出入口があること。

2　斗栱　斗（ます）と栱（肘木）を組み合わせた一種の持ち送り（41注３）。「ますぐみ」・「くみもの」ともいう。

3　大極殿　７世紀から12世紀までの天皇の宮殿のなかで最も重要な建物。主な儀式のとき天皇の座所となった。

4　道観　道教の寺院。

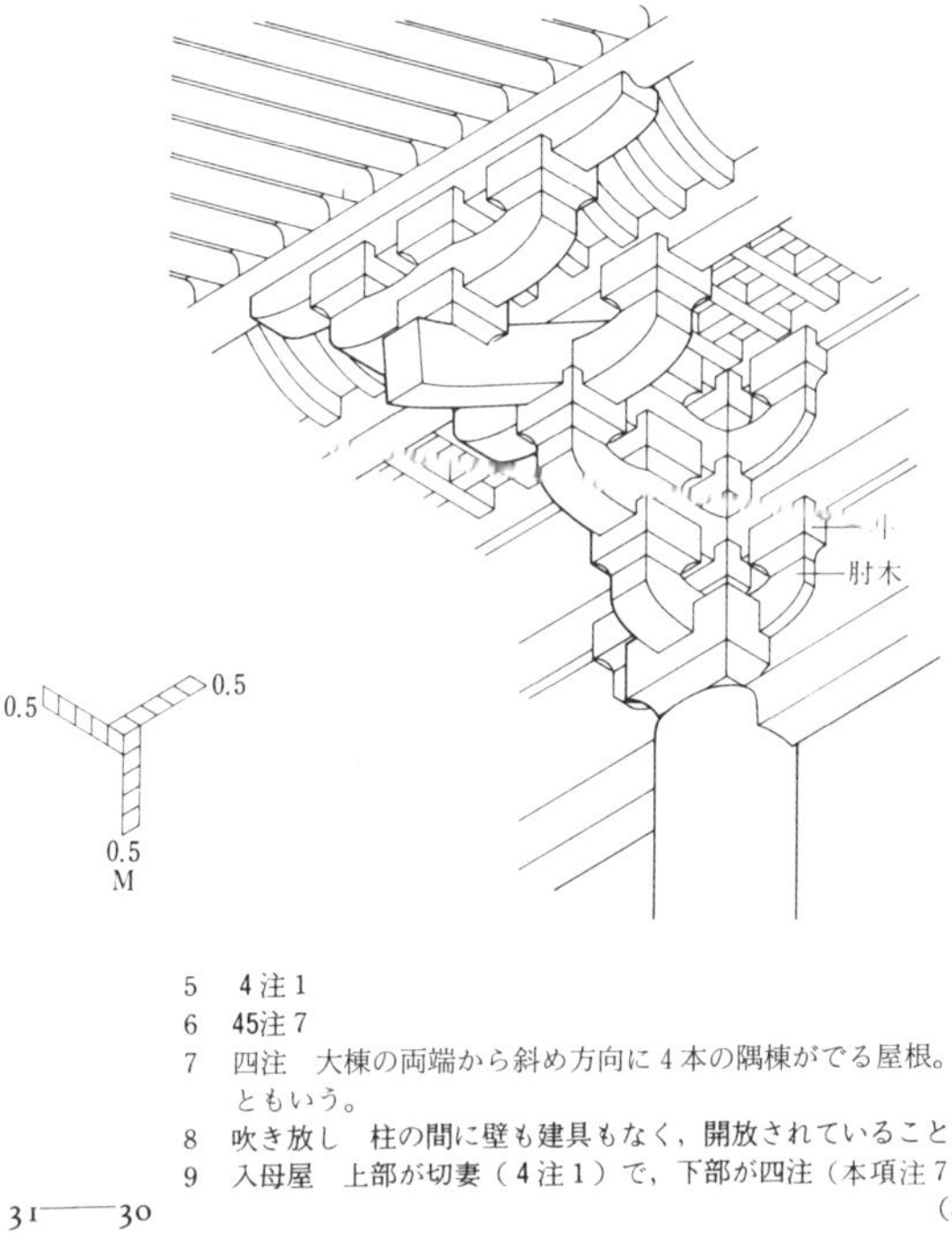

5　4注1
6　45注7
7　四注　大棟の両端から斜め方向に4本の隅棟がでる屋根。寄棟（よせむね）ともいう。
8　吹き放し　柱の間に壁も建具もなく，開放されていること。
9　入母屋　上部が切妻（4注1）で，下部が四注（本項注7）になった屋根。

（33ページに続く）

8　平等院鳳凰堂　日本8

鳳凰堂は夢幻的な美しさをもつ建築である。そのため人びとは、極楽浄土の建築を現実化したものだという。この種の説明は、鳳凰堂の美を讃えるための誉め言葉として受けとめるかぎりは別にさしつかえない。しかしこれを文字どおり理解するわけにはゆかない。なぜならば、極楽浄土の建築を写真に撮ってきた人もいないし、実測図をつくった建築家もいないからである。

一般に宗教上の偶像や図像類は、ほとんどの場合、現実界に存在するものの模写あるいは変形である。神像は大てい人間の姿をしているし、神殿の形式は多くの場合、人間の住居からきている。鳳凰堂の場合も例外ではないはずである。鳳凰堂の手本になったといわれる浄土図の類も、人間のための地上の建築を手本にしたものであることは疑いがない。

それでは鳳凰堂の手本になったのはどのような建築であったかといえば、それは中国の宮殿建築である。中国の宮殿では、中央に大きな主建築を置き、その左右に廊《ろう》[1]を張り出し、廊の両端に楼閣を建てたり、あるいはそこからさらに前方に廊を突出させたりする。また別荘ではその前に池がある場合が多かった。この種の宮殿の例は文献や絵画にもみられるが、近世の立派な実例は北京の円明園内[2]にあった。日本では、九世紀の京都の神泉苑の離宮建築が、この種のものであったと思われる。

鳳凰堂の建築形態は、間口が広く、正面の立面図が変化に富み、前から見たときに最大の視覚的効果を発揮する[3]。いわば「絵のような」建築構成である。このような形が浄土図の背景として採用されたのはごく自然のなりゆきである。しかし他方において、西洋近世の建築にもこの種の形式が好んで用いられ、公共建築のひとつのタイプとなっていることも注意を要する。この西洋系統の鳳凰堂式建築の最も手近な例は、日本の国会議事堂や東京駅である。

1　廊とは一般に細長い建物をさす。細殿（ほそどの）ともいう。
2　23参照
3　ただし写真では立体感がでないので，ここでは斜め横からみた図もそえた。

（31ページから続く）
次項の鳳凰堂の中央建物はその例。

10　10参照

11　20参照

12　なお上図について注意すべき点は，新築当初はもっと大棟が低く，したがって屋根勾配がもっと緩く，また地盤は現在より低く，したがって基壇がもっと高かった点などである。

9　本蟇股

日本9

日本中世[1]の社寺建築の遺構をみるとき、一番眼につくのは装飾彫刻である。この種の装飾彫刻が行なわれるようになった原因は、当時日本に輸入された中国中世の建築様式、すなわち唐様《からよう》[2]や天竺様《てんじくよう》[3]の影響だと説明されるのが普通である。しかしこれらの新様式を受けいれ、装飾彫刻を発展させた事実の背後には、日本人の自主的な造形意欲の発動があったことを見のがしてはならない。

装飾彫刻に対する日本人の積極的な意欲を最も雄弁に立証するものとして本蟇股《ほんがえるまた》がある。本蟇股は、板蟇股[4]のような構造上の役目をもたない純装飾的細部で、頭貫《かしらぬき》[5]と軒桁[6]の間などに用いる。これは中国にも朝鮮にもないものである。最古の実例は一二世紀はじめの中尊寺金色堂などにみられ、蟇股という名のとおり、蛙が後脚をひろげたような形をしている。ところが一三世紀以後になると、この両脚の内部に種々のモチーフが加えられるようになる。最も普通なのは、左右両肩から曲線が下に伸び、下部中央で出会い、上向きに反転して中心飾りとなる形式である。私はこれを「首飾《くびかざり》式装飾」とよんでいる。はじめは一枚板を透し彫りにした抽象的デザインである。(上図)　ところが、首飾りは次第に茎や葉や花となり、丸味を帯びたり凹凸がつけられたりして、写実性を強めてゆく。そしてついには下図のように、豊麗な植物彫刻となる。しかも、この場合にはまだ首飾式の骨線が保たれている。しかし一六世紀末ごろから、このような骨線に束縛されない自由構図の写実的な丸彫りの着色彫刻が行なわれるようになり、これが近世の蟇股装飾の主流となる。日光東照宮の「眠り猫」などはその典型的な例である。

日本の建築彫刻といえば、すぐにこのような桃山・江戸式豪華装飾を思いだす。中世のものはそれほど派手ではない。しかしそこには建築と彫刻の一体感があり、抽象と写実の融合がある。そこには気迫のこもった線の動きと冴えたのみのあとがある。

1　日本中世とは1185年から1573年までをさす。

2　唐様　禅宗にともなって日本に輸入された中国中世の建築様式で，日本では禅宗寺院を中心としてひろがった。禅宗様ともいう。

3　天竺様　13世紀のはじめ，東大寺の再建に採用された中国中世の建築様式で，一部の寺院建築などに影響を与えた。大仏様ともいう。

4　5参照

5　頭貫　柱の頂部を貫通して連結する水平材。

6　軒桁　桁（5注4）のうち，建物の外周の柱の上にくるもの。

上図　滋賀県犬上郡甲良町　西明寺本堂外陣蟇股（13世紀ごろ）。
下図　同上　向拝蟇股（15世紀ごろ）。

10 屋根の反り　日本10

図は松江城の天守[1]である。上図は南面、下図は西面の一部である。この図で注目したいのは屋根の「反《そ》り」である。何重にもかさなり、あるいは交叉する屋根は、軒[2]も破風《はふ》[3]も雄大な凹曲線を描き、その末端が大空に跳ね上がっている。そこには強い緊張感がみなぎっている。また最上層の大棟の両端には鯱《しゃち》[4]があり、上方から内側へむかって鋭く反転し、激しい運動感を示す。この屋根をみていると、鍬《くわ》形《がた》[5]つきの兜をかぶり、八の字ひげをはやした武将の顔を連想するではないか。

日本の城の天守閣建築は、一六世紀後半の短い期間に急速に発達したものである。その間、諸外国の城郭建築を模倣した形跡はない。したがってこれは、日本人の美意識によって創造されたものとみてよい。それにもかかわらず、天守の屋根が反っているのは何故だろうか？　建築史の本によると、「屋根の反りは中国の影響」ということになっている。しかし問題は決して簡単ではない。たしかに上古の神社建築[6]の屋根は直線的で、大陸文化輸入後に反りがあらわれる。しかしそれ以後、貴族や武士の邸宅でも屋根を反らせるのが普通となる。近世ではさらに、代官所や本陣[7]から芝居小屋や風呂屋にいたるまで、すこし大型の建築ならばすべて屋根を反らせた。このような一般的状勢は、決して一時的な「中国の影響」で片づけることはできない。そこには「反り」に対する日本人の、長期間にわたる積極的な支持があったことを認めねばならない。またその反面、中国建築でも、はじめから反りがあったわけではなく、五、六世紀ごろ直線屋根が変化して発生したものであることを考慮にいれる必要がある。

なお日本建築には直線屋根、反り屋根のほかに起《むく》り屋根がある。起り屋根は緩やかな凸曲線からなる屋根で、別荘建築などに用いられ、関西では民家にもみられる。これは反り屋根とは反対に、穏やかで柔らかな印象を与える。これらはすべて、建築における人間精神の表現の種々相を示すものである。

1　1607―'11
2　軒　屋根面の低い方の周縁をいう。
3　破風　屋根面の，流れに直角方向の周縁をいう。またそこに取りつける「破風板」をさす場合もある。
4　鯱と鴟尾（7参照）はよく似ているが，鴟尾は棟の線の延長上につくのに対し，鯱は棟の上に載っている点に注意のこと。
5　鍬形　兜の前面につける逆八字形の金属板製の飾り。

6　たとえば5上図参照
7　本陣　大名が泊まる旅館。

11 座敷

日本11

日本の近世[1]から明治・大正ごろまでの住居建築の造形的特色を最もよく代弁するものとして、「座敷」を取りあげることにする。そのころは、大住宅にも小住宅にも、農家にも商家にも、みなそれなりの座敷があった。それらの座敷は、家のなかで最もよい場所をしめ、最も立派につくられ、いわばその家の「見せどころ」であった。そして座敷には、かならず床《とこ》（床の間）があり、多くの場合これに棚（違い棚）がつき、またしばしば書院（書院窓）が設けられた。これらの道具立ては中世の書斎からきたもので、近世には「書院造り」とよぶ邸宅の要素となり、それが座敷に受けつがれて一般化したものである。図は一九世紀初めの典型的な座敷の例[2]である。

そこで座敷の造形的特色を考えると、まず床の位置であるが、これは宴会場のような特別の場合をのぞき、つねに正面の片側に配置される。したがって壁面構成は当然、左右非対称となる。これはたとえば中国の住宅で、書画をかけるための壁面が必ず室の奥の中央にあるの[3]と顕著な対照をなす。しかし日本では、空間全体の構成の焦点は、書画とは別のものにおかれる。それは床柱《とこばしら》である。床柱は床と棚の境界線に立つ柱で、建物中で一番高価な材料が選ばれる。写真の床柱は太いシボ丸太[4]である。そして「床柱を背にして坐る人」には最高の敬意が払われた。すなわち、壁面構成は非対称でも、空間全体の構成の主軸は、やはり中心線上にあった。

座敷について今ひとつ忘れてならない特色は、その「直線性」である。ここでは塊《マス》よりも面よりも、まず線が優先する。線のうちでも直線が、またとくに垂直・水平の直線が支配的である。曲線的要素といえば襖《ふすま》の引手のような微小な部分にかぎられ、また斜めの直線は隣室との境の欄間《らんま》に用いられているだけである。（上図左方）このように徹底した直線主義は世界でも類例が乏しく、せいぜいミース・ファン・デル・ローエ[5]の作品に、ややこれに近いものが見られるくらいである。

1　日本近世とは1573年から1867年までをさす。
2　奈良県橿原市今井町1—6—9　高木家住宅の一階座敷。上図は床と棚を示し，下図は書院と庭園側障子を示す。
3　24参照
4　シボ丸太　縦じわのある杉の丸太材で，磨いて用いる。
5　107参照

39——38

12 五輪塔

日本12

日本は木造建築の国であったから、ヨーロッパなどにくらべて石造遺構が少ないのは当然であるが、同じ木造建築文化圏の中国・朝鮮などと比較しても決して多くない。しかし気をつけて観察すると、独創的でしかも洗練された作品を見出すことができる。もっとも古代の石造物は遺品も乏しく、形式も一定せず、概して貧弱である。ところが中世に入ると急激に実例がふえ、規模も大きくなり、一定の形式が成立する。そして一三世紀の末から一四世紀のはじめにかけて最盛期をむかえ、完美の極致に達する。これ以後は次第に繊弱となり、装飾過剰に傾き、近世に入るとさらに堕落し、見るに堪えないものとなってゆく。

ところで日本の石造美術品のうち、最もユニークなものに「五輪塔」がある。(図)この種の塔は中世に、墓として、あるいは仏教信仰の表現として、各種の石塔類のうちでも特に数多く建てられた。仏教の説によると、「五輪」とは地・水・火・風・空の五元素のことで、五輪塔の五つの部分はそれぞれの元素をあらわしたものだという。しかしこの説は、五輪塔の形が完成してからあとで、こじつけたものであろう。なぜなら建築的にみると、下部の四角い部分は台座であり、円い部分はインドのストゥーパ[1]の変化したもので、これが塔の主体である。三角の部分はどうみても屋根であり、それより上は末端装飾にすぎない。五元素の概念を表現するのならば、五つの部分は当然同じ大きさであるべきだが、上の二つが他の三つにくらべてひどく小さいのもおかしい。3の上図の左下の五輪塔をみれば、本来の建築的な成り立ちがよくわかる。

図に示した例[2]は最盛期の五輪塔のひとつで、われわれの身長の二倍以上もある大作である。基壇に蓮弁と格狭間《こうざま》[3]を刻むほかは文字も装飾彫刻もない。安定した比例、力のこもった曲線、自信に満ちた堂々たる塊量感などの点で、日本の石造美術史上の最高傑作の一つである。

1　32，33参照

2　鎌倉市極楽寺　忍性五輪塔。忍性菩薩（1217—1303）の墓で花崗岩製，総高3.55m。

3　格狭間　台座のパネルなどに好んで用いられる装飾で，曲線の内側を凹ます。中国の坐臥用家具の脚の形から変化してできたもの。

13　守礼門（沖縄　そのI）　日本13

沖縄の文化は多彩である。質朴な土着文化の上に、日本本土の影響ばかりでなく、本土におけるよりも一そう濃厚な中国の影響が加わり、またときには朝鮮・東南アジアの影響も認められる。しかし沖縄建築の基調をなすものは、やはり日本文化である。けれども沖縄の史的建造物は、第二次大戦の戦禍でひどく破壊された。とくに沖縄本島では、若干の石造物や戦後の復原建造物をのぞくと、見るべきものはほとんどない有様である。

那覇における戦後の復原建築のひとつに、守礼門[1]（図）がある。この門は沖縄のシンボルであるという考えから、終戦後いち早く再建された。しかしこの門は、かつては首里城の城門のひとつであった。首里城は琉球国王尚《しょう》氏の居城で、戦前までは正殿その他の建物があったが、戦災で壊滅し、いまでは琉球大学の敷地となり、ところどころに石垣などを遺すにすぎない。守礼門は、城郭の外に鳥居のように立つ二つの門のうちの内側のものであった。

守礼門の形式は、だれでも一見して気づくように、中国の牌楼《ぱいろう》に似ている。中国から冊封使《さくほう》[2]が来たときは、国王はこの門まで出て平伏して迎えたというから、この門が中国風であるのはごく自然のように思われる。しかし中国の牌楼では、下層屋根が中央部で切れ、左右別々になっているのが普通であるが、この門ではそれが一つながりとなり、全体としてニの字形の屋根になっている点が風変わりである。また上・下層の軒をささえている斗栱《ときょう》[3]や各部の装飾彫刻は、本土で中世のはじめ行なわれた天竺《てんじく》様《よう》[4]や唐様《からよう》[5]のものに近い。（下図）すなわち、この門が創建されたころより一時代古い本土の様式が、沖縄ではその当時まで行なわれていたことがわかる。しかし他面、赤瓦を白い漆喰で押さえ、太く円い棟を置いているところなどは沖縄独特である。

この門は、質朴でしかも多彩な南島情緒を豊かにたたえており、沖縄のシンボルにふさわしい愛すべき建築である。

1　被災前の建築は16世紀前半のものであったと考えられ，現在のものは1958年竣工。
2　冊封使　琉球国王の王位継承の際，これを承認するため中国皇帝が派遣した使節。
3　7参照
4　9注3
5　9注2

43——42

14 八重山権現堂神殿（沖縄 そのⅡ）

琉球列島も南端に近い石垣島は、幸いにもほとんど戦災をこうむらなかったので、昔ながらの沖縄のおもかげをよくとどめている。石垣島には住宅や庭園で古く良いものもあるが、ここでは神社建築を一例だけあげることにした。図にかかげた八重山権現《やえやまごんげん》堂[1]は、一六一四年、八重山群島にはじめて創立された仏教寺院である桃林寺とともに、これまた最初の本土式神社として創祀されたと言い、熊野権現を祀る。桃林寺と境内を接し、門と拝殿を付属する。門はへの字形の破風をもつ間口一間の薬医《やくい》門[2]であり、拝殿は三間に二間の母屋[3]の前後に庇[4]をつけ、前面の庇を吹き放し[5]の広縁とした民家風の建物である。

神殿は間口三間で、奥行二間の母屋に吹き放しの向拝《こうはい》[6]をつけたもので、基本的には本土の流れ造り[7]と同じである。ただ屋根が瓦葺きで、反《そ》りが少ないのは、本土の神社建築と一味違った印象を与える。また前と左右の縁を外側から板垣で囲い、脇障子《わきしょうじ》[8]がないのも珍しい。

細部にも風変わりな点が多いが、ここで特に注意したいのは、この建物に用いられている肘木《ひじき》[9]の形である。下図にみられるように、三斗《みつど》を受ける肘木は下端《したば》が水平の直線で、しかも両端の斗《ます》[10]より相当突出したところで垂直に切ってある。このような肘木は日本本土には見当たらない。本土ではつねに下端が凸曲線をなし、肘木先端で垂直となり、斗の下部の凹曲面に連続する。（7の下図）このように斗の下部と肘木の先端が滑らかに接続することにより、荷重が上方から下方へ自然に流れるという視覚的効果を与える。これは古代以来かわらない日本の斗栱の造形上の原則である。それに反し、この神殿の肘木は先端の斗より突出しているため、上からの力の流れは肘木で完全に受けとめられ、ここで一旦停止する。この種の肘木は中国漢代の建築模型[11]にもみられるが、そこには校倉《あぜくら》[12]のように、水平材を単純に積みあげてゆく思想がうかがわれる。これは力の造形的表現の種々相を示す例として興味深い。

1　現在の建物は1786年に再建されたもの。
2　薬医門　２本の親柱と２本の控え柱をもつ門で，通常は棟が前後の中央を通り，破風は対称形である。
3　５参照
4　５参照
5　７注８
6　向拝　階段の上に屋根を葺きおろした部分。

7　流れ造り　切妻平入りの建物の前面に向拝をつけたもので，神社本殿に最も多い形式。
8　脇障子　神社本殿の左右の縁の奥端に立てる板壁。
9　7参照　　10　7参照
11　たとえば河北省望都出土の望楼形明器や河南省栄陽出土の倉庫形明器など。
12　校倉　たとえば正倉院の宝庫のように，太い水平材だけを積みあげて壁体を構成した建物。

15 定林寺五重石塔

韓国1

韓国は「石塔の国」とよばれるほど石塔が多い。日本では、石塔婆は主に墓として用いられたが、韓国では寺院の主要建築として、木造塔のかわりに建てられることが少なくなかった。そのため規模も比較的大きく、時代的にも古いものがある。また反面、韓国では日本のように古い木造建築があまりないため、古代の建築について語ろうとすれば、いきおい石造物を取りあげることになる。とくに韓国芸術が最も高度に展開した七世紀から九世紀ごろの建築美を、われわれの眼前に伝えるものとしては、石造塔の類以外にはないといってよい。

三国時代の百済の石塔を代表するものは、扶余[1]の定林寺阯の五重石塔である。(図) 初層塔身の南面に、唐の軍隊が百済を滅ぼしたという刻銘[2]があるので「平済塔」とよばれていたが、元来この塔が所属した寺院の名は明らかでない。ただ一一世紀ごろは定林寺とよばれたらしいので、今はその名を用いている。この塔の南には門、北には金堂があったことが発掘によって知られており、さらに金堂の北には講堂の土壇がのこっているので、南北軸上に主要建築物を配置した寺院であったことがわかる。これは大阪の四天王寺などと同じ配置であるが、ただこの場合は塔婆が石造である点が異なる。

塔は黒褐色の石を用い、相輪《そうりん》[3]の上部を欠くほか破損はない。低い基壇の上に立ち、初層の塔身はとくに大きく、二層以上は急激に縮まる。各層の四隅に角柱を立て、とくに初層の柱は上部で内向きに細めてある。軒下は各層とも簡単な斜面と垂直面で構成する。屋根は薄く平らで深い軒をつくり、隅の部分で僅かに反り上がる。このような屋根の形は百済の石塔の特色で、木造屋根の形に近い。すべてにわたって飾り気がなく、しかも全体の姿は安定し、荘重である。全高一〇メートルそこそこのものであるが、日本の法隆寺五重塔[4]などにも劣らない堂々たる風格を示している。

1　A. D. 538年から663年まで百済の都であった。
2　唐の顕慶5年(660)の紀年がある。
3　6参照
4　6参照

47——46

16　葛項寺東塔　韓国2

韓国の芸術が最も壮麗に開花した新羅統一時代[1]の造形美を現在まで伝えているものとしては、石窟庵の仏像や奉徳寺鐘[2]、あるいは出土品類をのぞくと、石塔以外にはないといってよい。この時代の石塔は無数にあるが、そのうち慶州仏国寺の多宝塔・釈迦塔などは特に注目すべきものである。しかしここでは典型的な例として葛項《かっこう》寺東塔（図）を取りあげることにした。この塔は現在、同寺の西塔とともにソウルの国立中央博物館の前庭に移されているが、もとは慶尚北道の廃寺阯にあり、奈良薬師寺の両塔のように東西にならんでいたものである。基壇上段の羽目石[3]に刻銘[4]があり、新羅最盛期の八世紀半ばに王族によって建てられたことが知られる。

花崗岩製で三重、相輪部[5]は失われており、高さは約四・三メートル。基壇は法隆寺の塔[6]・金堂[7]のように、下段が低く、上段の高い二段式である。塔身は初層が比較的細く高く、第二・第三層は低平である。軒下は各層とも段形に五段迫《せ》り出し、軒先の下《した》端《ば》は直線とし、隅で厚味をもたせて上端《うわば》を反らせる。各所に小さな孔があいているが、これは風鐸《ふうたく》[8]その他の飾金具をとりつけた痕であろう。

この塔の形式は、数多くの新羅式石塔に共通のものである。前項でのべた百済式石塔と違う点としてまず目につくのは、軒下の段形持ち送りである。前項の定林寺塔の軒下の斜面は木造の斗栱[9]の形を簡略に表わしたものと思われるが、この段形持ち送りは煉瓦造[10]もしくは石造の迫《せ》り出し構造の表現である。この点、厚みに変化のある軒先の形とともに、百済式塔より石造的性格が強い。また基壇と塔本体の関係についてみると、基壇が大きいのに対し、塔本体が小さい。とくに基壇の上段が高いため、これも本体の一部のようにみえ、全体として四重の塔のような印象を与える。この塔のスラリとした姿は端正そのもので、貴夫人のような高い気品に満ちている。新羅人がひたすらプロポーションの美を追求して到達した抽象芸術の極点を示す作品である。

1　669年から935年まで。
2　国立慶州博物館所蔵の巨大な銅鐘で，壮麗な天人や植物文の浮き彫りをもつ。(771)
3　羽目石　平たいパネルの部分の板状の石。
4　唐の天宝17年(758)の紀年がある。
5　6参照
6　6参照

7　表見返しの図参照
8　風鐸　風鈴のこと。
9　7参照
10　41注3

17 普願寺五重石塔 韓国3

本項では高麗時代[1]初期の石塔を一つあげることにする。この石塔は前々項でのべた百済式石塔と、前項でのべた新羅式石塔との総合である。

普願寺阯[2]は扶余の西北方、瑞山郡にあり、李朝初期の仏殿のある尼寺開心寺に近い。ダムの奥にひらけた盆地に位置し、その盆地の入口には半跏思惟像《はんかしゆい》で有名な瑞山磨崖仏がある。この土地には百済時代から寺院があったようであるが、高麗初期に高僧法印国師[3]が大伽藍を興した。現在も石造五重塔のほか法印国師の墓塔・墓碑や、幢竿《どうかん》支柱[4]・石槽・柱礎などを遺しており、かつては壮大な寺院であったことがわかる。

五重石塔も法印国師の時代のものと思われ、畠のなかに一基立つ。基壇は上段が高く下段の低い二段式で、上段の羽目石には八部神将、下段には獅子の浮き彫りが施されている。基壇と初重塔身の間には平石が一枚入り、初重塔身の各面には戸口の形を表わす。各重の屋根勾配は緩やかで、軒の出は深く、軒下には四段の低い段形を刻む。軒下端《したば》は上端《うわば》の曲線に沿って軽く反り、軒の前端面はきわめて薄い。軸部・屋根とも上方にむかって強く縮小するが、軒端をむすぶ線は直線である。相輪部は、露盤《ろばん》[5]のほかは失われ、鉄製の芯棒だけをのこす。

この塔の安定した比例や、薄い屋根、深い軒などは百済の定林寺五重石塔[6]などと共通する特色である。この塔は高麗朝のものではあるが、地域的な関係上、百済の石塔の特色をそのまま受けついだものと思われる。しかし他方、基壇が二重で、軒下の持ち送り[7]が段形になっている点などは新羅式石塔の手法をとりいれたものである。また羽目石に図像を彫刻したり、初重軸部の下に平石を挿入したりするのは時代が下ることを示す。しかしまだ後世の、伸びすぎた筍のような石塔[8]や、輪郭が突曲線を描く砲弾形の石塔とは雲泥の差異がある。とくに法隆寺五重塔[9]に似たその姿は、われわれに格別の親近感をいだかせるのである。

1 高麗時代は935年から1391年まで。
2 忠清南道瑞山郡雲山面竜賢里所在。
3 900—975
4 旗棹を立てるための支柱で，２本の石柱により棹の下部をはさむようになっている。
5 ６参照
6 15参照

7　41注 3
8　そのような例は次項上図の左方にみえる。
9　6 参照

18　修徳寺大雄殿　韓国4

韓国には日本のように古い木造建築物はなく、最古のものでも高麗中期[1]まで時代が下る。したがって、中国の唐を中心とし、日本の奈良・平安初期をふくむ東アジア文化の最高潮期にあたる実例はない。この七―九世紀ごろの中国系建築は、中国・日本・韓国で、それほど相違はなかったと考えられるが、韓国に現存する実例は、時代の下るせいもあって、中国や日本のものとはかなり違っている。

　ここに挙げた修徳寺大雄殿[2]は、そのような韓国の古建築のなかでも、建立年代が明確な最古の実例である。「大雄殿」というのは日本の金堂・本堂に相当する仏堂であるが、ここでは切妻造り[3]になっている。日本では切妻造りの仏堂は稀[4]なのに、韓国ではしばしば見受けられる。上図によって、内部架構をそのまま表わした妻の構成をみると、二本の高い円柱で長い虹梁《こうりょう》[5]をうけ、その上に短い虹梁をかさね、また左右端の低い円柱の上にも別に虹梁をわたす。このような架構法は日本古代の中国系建築の場合[6]と全く同じで、中国本土の同一の原型からきていることを示す。円柱が太短かく、しかもかなり強い膨らみがあることや、また破風板《はふいた》の頂部交点に打ってある飾金具[7]などは、とくに古い形式を伝えている。他方、下図にみるように、桁《けた》や棰《たるき》が円いのは古式であり、下部に繰型《くりかた》[8]のついた斗の形や、肘木端などの鋭い彫刻手法は日本中世のものに似ている。しかし、母屋桁《もやげた》[9]の間に何段にもかけ渡したS字状の梁の形（上図）や、あるいは象の鼻のように屈曲した尾《お》棰《だるき》の形（下図）は韓国独特のものである。内部は、日本の仏堂と同じく床《ゆか》板張りで、緑を基調とする落ちついた彩色が美しい。

　すなわちこの建物には、古代以来の中国系木造建築の原型がおもかげをとどめている一方、次第に繁雑怪奇になってゆく近世趣味の萌芽がみられる。この堂は、そのような両系列の転換点に立ち、しかも両方の要素を巧みに引きしめていて迫力がある。韓国古建築中の佳作である。

1　1200年ごろ
2　忠清南道礼山郡徳山面所在，1308年。
3　4注1
4　たとえば奈良海竜王寺西金堂，滋賀県円光寺本堂などは，めずらしい例である。
5　5注8
6　5下図参照
7　法隆寺金堂（7世紀）のものに似ている。

8　繰型　部材の表面や周縁につける一種の彫刻的装飾で，線状に連続した突出や凹みからなるもの。

53——52　9　5注7

19 天壇

中国1

北京の天壇といえばすぐにあの、大きいばかりでどこか間《ま》のぬけた円い三重屋根の建物、すなわち祈《き》年《ねん》殿が眼に浮かぶ。しかし祈年殿は天壇の中心建造物ではない。

天壇とよばれる一郭で最も重要な施設は圜丘《えんきゅう》[1]で、これが本来の天壇である。古代以来、中国歴朝の皇帝は首都の南に圜丘を築き、冬至の日にそこで天を祭る儀式を行なった。元来は土を円形に盛りあげただけの簡単な施設であったと思われるが、次第に大きく立派な建造物となった。現在の天壇圜丘は清朝初期[2]に改造されたもので、直径五五メートル余りあり、三段に築く。(上図) すべて白大理石造で、四方に階段を設け、各重に豪奢な手摺をめぐらし、各重上面も石で被う。周囲に円形と正方形の二重の塀をめぐらし、いずれも四方に三つの石門を開く。壮大で整然とした幾何学的構成である。

祭天の儀式のときは、圜丘の最上段に三つのテントを張り、そのなかに皇天上帝以下の神々の位牌を安置して供物をそなえ、皇帝は中段で礼拝した。(下図[3]) このように地上に壇を築き、そこで祭儀を行なうことは、中国では例が多い。たとえば地壇・日壇・月壇・先農壇・社稷《しゃしょく》壇などは類似の施設である。また、上記の祈年殿は、五穀豊穣を祈るための祈穀壇《きこくだん》の一部で、壇上にテントを張るかわりに、中心部を恒久的建物で蔽ったものにすぎない。[4]

しかし、宗教的施設にかぎらず、中国では古くから地上に土を盛りあげ、石や瓦を敷き、その上面を利用することが多かった。たとえば主要な建物の前には月台《げつだい》[5]とよぶプラットフォームを張り出し、そこが儀式の場所となる。また壇の上に建物を建てた場合は基壇とよばれ、中国系建築の特色ある要素をなす。そして基壇がとくに高大な建造物は台榭《だいしゃ》とよばれた。これらはすべて土を盛りあげた「壇」の建築である。「壇」は、すでに述べた建築の原型「塚」[6]が独特の方向に発展したものであって、中国建築の重要な一特性となっている。

1　圜は円と同じで，圜丘は円い丘という意味。
2　1749年
3　石橋丑雄「天壇」より。
4　このような建物がつくられるようになったのは，1420年に大祀殿が建てられて以後のことである。
5　次項上図で太和殿前の地面のようにみえるところは月台の上面で，太和殿とともに三重の基壇上にある。

55——54

6　3参照

20 紫禁城太和殿　中国2

日本における建築史学の草分けであった伊東忠太博士は、中国の明・清時代[1]の建築を日本建築と比較考察し、つぎのように総括されている[2]。すなわち明・清の建築は、

（イ）大体の形式に於いては奈良時代の建築に類似す。

（ロ）ヂテールの手法に於いては鎌倉室町時代の建築に類似す。

（ハ）装飾の手法に於ては桃山、江戸時代の建築に類似す。

これは、美事に大局をとらえた卓見である。

伊東博士が（イ）で「大体の形式」とよばれているのは、建築物の配置やプランや、立面の概形をさす。いま紫禁城の中心建築物である太和殿（上図）を唐招提寺金堂（7の上図）と比較してみよう。両者は大きさの相違、重層と単層の違いはあるが、大変よく似ている。すなわち、どちらも長方形プランの平入りの建物で、中庭に向かって南面する[3]。基壇の上に建ち、前面一間どおりを吹き放しとして円柱をならべ、内部は土間とする。屋根は瓦葺きの四注で反りがあり、大棟の両端に鴟尾《しび》を置く。両者がこのように似ているということは、中国の宮殿や寺院の主要建築の基本形式が、すくなくとも唐時代[4]以来近世まで変化していない、ということを意味する。これは実に驚くべきことであって、中国文化の一貫性、ないしは固執性を如実に物語っている。

しかし中国建築においても、細部形式や装飾手法は変化した。たとえば下図は太和殿内の皇帝の玉座である。階段と勾欄のついた台があり、その上の椅子の背後に両袖をもつ衝立《ついたて》が立つ。この台や衝立の形式は日本中世の禅宗寺院の仏壇[5]に似ている。すなわち、中世における両国文化の交渉を示しているが、どちらも古代の造形にくらべて曲線的輪郭や彫刻装飾類が目立つ。しかしそれがさらに近世になると、この玉座の各部にみるように、いわゆる「中国趣味」の誇張と装飾過剰に陥るのである。

1　1368年から1912年まで。
2　伊東忠太「清国北京紫禁城殿門の建築」1902年。
3　唐招提寺には現在回廊はないが，もとは回廊でかこまれた中庭があった。
4　618—907
5　唐様須弥壇（からようしゅみだん）とよぶ。

57——56

21　棲霞寺舎利塔　中国3

中国に仏教が流入してのち、比較的古い時代には、法隆寺五重塔[1]のような木造多層塔が数多く建てられた。その様子は文献や、石窟に刻まれた図像などから知ることができる。しかしそのころの実物は全く遺っていない。ただ木造塔の形を石や煉瓦で模倣したものは、六世紀ごろから実例がある。とくに煉瓦造のものは中世以後も盛んに建てられ、大規模なものも少なくない。しかしここでは、古代の木造塔の原型に近い石造塔の例をあげよう。

　棲霞《せいか》寺は南京の東北方およそ三〇キロ、棲霞山のふもとの谷あいにある。舎利塔は隋の文帝が七世紀初め[2]に建てたものと伝えるが、様式上、一〇世紀半ば[3]のものと考えられる。大理石造の八角五重塔で、全高約一五メートルある。(図)　屋根などにかなり破損が目立つが、木造塔の比例や細部を忠実に模倣していることがわかる。初重には八角の柱や金物を打った扉を表わし、各重の屋根は瓦や棰まで刻み出している。ただ軒下は斗栱[4]を省略し、凸曲面で支える。各壁面には仏像や四天王・仁王像などを浮き彫りにする。塔身下部を大きな蓮華でうけ、これをさらに八角の基壇にのせ、基壇側面の各パネルには釈迦の伝記をあらわし、上下の框《かまち》[5]には宝相華《ほうそうげ》[6]を飾る。各部の彫刻手法は精緻をきわめ、装飾文様は華麗そのものである。一九一八年にこの塔を調査された関野　貞博士が、「余が支那に於て前後見し所の塔婆中最も秀麗精美を極めし者なり」[7]と絶賛されているのも、もっともと感ぜられる。

　しかし一般に、唐時代以前の仏塔は正方形プランのものが多く、宋時代以後は八角形が普通になるから、その点からいえばこの塔は中世以後のものに近いといえる。また蓮弁の形は弾力がなく、宝相華は牡丹の花のようである。概して唐時代のようなダイナミックな気迫に乏しい。これらの点からして、この塔を一〇世紀ごろのものとする説は適切である。しかし古い実例に乏しい中国では、仏塔建築中の珠玉作といえる。

1　6参照
2　601年
3　すなわち五代の南唐の時代（937—975）。
4　7参照
5　框　台の上縁などにつくやや側面に張り出した水平材。
6　宝相華　唐時代ごろの東アジア美術にひろく用いられた空想的な植物文様。
7　関野　貞「西遊雑信」上

59——58

22 上華厳寺大雄殿 中国4

中国の木造建築物の古い例としては、唐時代に属する八世紀のものや九世紀のものもあり、また一〇世紀以後になると相当数の実例がある。しかし不思議なことに、それらの実例は日本の奈良時代の遺構や、中国唐時代の絵画的資料などに表わされた木造建築とは、かなり違っている。すなわち、われわれが抱いている中国古代建築のイメージとは相当かけ離れているのであり、言いかえれば、それらの実例はむしろ中国中世の建築に近い印象を与える。ここにあげた上華厳《かみけごん》寺大雄殿も一一世紀[1]の建築と考えられ、木造建築としては古い方に属するが、やはり同様の印象を与える例である。

上華厳寺は、雲崗石窟に近い大同市の城壁内の南西部にある。大雄殿はめずらしく東面する。前面は高い月台[2]があるため、全景を撮ることは困難なので、上図は城壁の外から背面を写したものである。軸部は低く、屋根勾配は緩やかで、隅棟《すみむね》[3]の反《そ》りも少なく、紫禁城太和殿[4]などにくらべてはるかに安定感があり、鴟尾《しび》も内側にむかって鋭く反転している。これらの調子は、むしろ唐招提寺金堂[5]に近い。

しかし細部についてみると、古代のものとは相当違う。柱の中間にも斗栱があることは特に目立つ点で、外部では柱上の斗栱と同形のものを柱の中間にも置き[6]、内部ではその位置に、斜め方向の肘木《ひじき》をもつ斗栱を組んでいる。(下図) 斜めの肘木は日本にはないもの[7]である。肘木の下端《したば》は凸曲線でなくて折線であり、斗の下部は凹曲面でなくただの斜面となっている。また写真で明らかなように、屋根裏の円棰は太さが一様でないばかりでなく、間隔もまちまちである。このような細部の多数化と多様化、その反面における仕事の簡略化と粗雑化、これらはすべて、中国建築が中世から現代にかけて歩んできた道である。一一世紀といえば、日本では洗練の極致を示す平等院鳳凰堂[8]が造られた時代である。中国では、このときすでに中世が始まっていたのである。

1 このころ大同は，契丹族の建てた国である遼（907—1125）の支配下にあった。
2 19参照
3 隅棟 45°方向の棟。隅降り棟ともいう。
4 20参照
5 7参照
6 この方式は日本の中世以後の唐様（9注2）にもあり，「詰め組み」とよん

でいる。

7　長崎の崇福寺第一峰門には斜めの肘木が用いられているが，これは近世中国人の作である。

61——60　8　8参照

23 円明園　中国5

円明園は清朝のはじめ、乾隆《けんりゅう》帝[1]のときに造られた大離宮である。北京の西北方、観光地として有名な頤和《いわ》園[2]の東につづく一帯の地域がそのあとである[3]。現在はほとんど田畑になっているが、そこには頤和園よりもはるかに広大な円明園があった。しかし太平天国の乱[4]のとき、破壊されたのである。

この円明園は、狭義の円明園と、その東の長春園、南につづく万春園の三つの部分からなっていた。(下図)　しかし最も主要な部分は狭義の円明園で、これは乾隆帝の夏の離宮であった。その最盛時の様子は「円明園四十景」と題する絵や版画によって具体的に知ることができる。それらによると、全体の正殿である正大光明殿を中心とする一画をはじめとして、数多くの区画からなり、それぞれの区画が一群の建築物と庭園から構成されていた。そのうち最も興味深いのは、福海とよばれた最大の池の東北隅の「方壺《ほうこ》勝境」という一区画である。(上図)

そこは福海の一部が湾のように入りこんだ部分で、北岸に南面して一群の建物があった。建物は左右対称に配置され、南北軸上に正殿である噦鸞殿《かいらんでん》以下三つの主な建物があり、それぞれ東西に脇殿をそなえた。すべて白玉の基壇上に建ち、二階建てで、上に重層の屋根を葺いていた。正殿の両脇殿からは、屋根のない二重の渡り廊下がさらに延びて前方に折れ、両突端には複雑な形の亭を設けた。また池中の四角い島の上にも吹き放し[5]の亭があり、アーチ形の石橋で正殿に通じていた。

このような建築群の構成は、敦煌石窟の唐時代の仏教壁画や各種の浄土図像などにしばしばみられるものであり、また日本の平等院鳳凰堂[6]などもこれを簡略化したものである。方壺勝境の「方壺」とは仙人の住む島のことである。日本では鳳凰堂を極楽浄土の建築だとする説があるが、中国人はこの種の建物を仙人の住む建築だと考えたのである。この二つの考えを総合すれば、この種の建築の造形的特色はおのずと明らかである。

1　在位1735—1796
2　頤和園はもと乾隆帝が母のためにつくった清漪園で，円明園とともに破壊され，清朝末期に西太后が復興したのが現在のものである。
3　東西約1.6km，南北約1.2kmの地域に約125haの面積をしめていた。
4　1860年
5　7注8
6　8参照

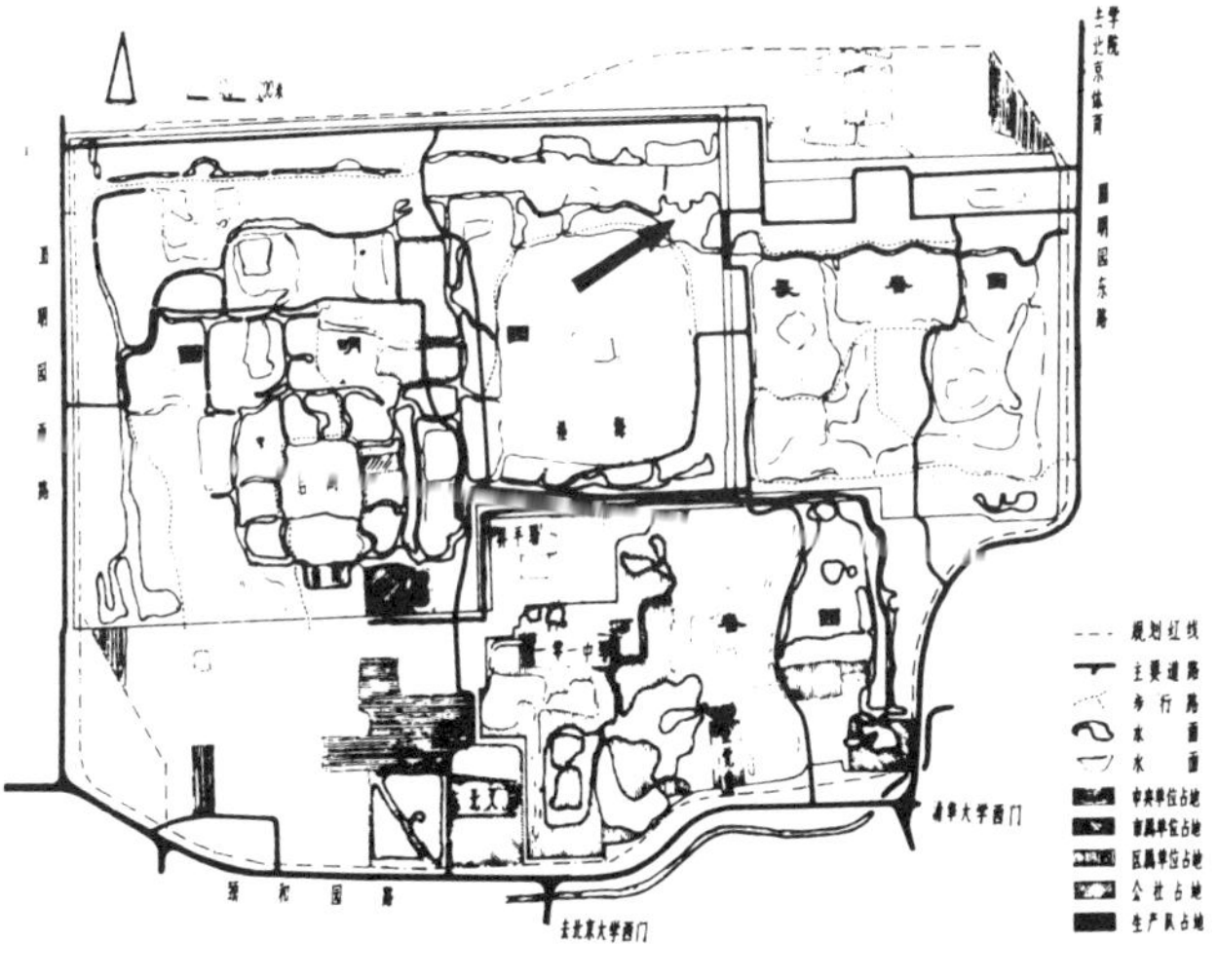

上図　パリ国立図書館蔵「円明園四十景」のうちの「方壺勝境図」
下図　円明園遺跡図（建築学報1981－２による)。矢印は「方壺勝境」の位置を示す。

24 蘇州の庭と建築　中国6

蘇州には多くの名園があり、留園・拙政園のように大規模なものから、比較的小規模なものまで数えると十幾つにのぼる。それらの庭園は、政治家や資産家や文化人の別荘であり、あるいは隠居所であった。かれらは気候が温暖で水と緑の豊かなこの地を好み、きそって庭つきの住宅を営んだのである。

それらの園林をみて気づくことは、つねに庭園と建築が密接に結びついていることである。もちろん原則的に言って、どんな場合も庭園と建築は無関係ではありえない。しかしその結びつきが、中国では日本よりも一そう強く積極的であるように思われる。たとえば中国の庭園建築の真赤な柱や跳ねあがった瓦屋根は、日本庭園の草屋根や皮つき丸太と大変違う。このような中国庭園における建築の積極的役割りは、建物の配置や、塀や渡り廊下の扱いなどにもあらわれている。しかしここでは、開口部と風景の関係について観察してみたい。

上図は滄浪《そうろう》亭[1]の入口の大門の脇から、内がわの庭を見たものである。いずれも複雑な組子をもつ欄間・落地罩《とう》[2]・手摺が額縁《がくぶち》となり、そのなかに庭の石組みや植え込みがみえている。このように建物の開口部を額縁のように見立て、庭の景色を画面のように区切って引き立たせるのは、蘇州の庭園によくある手法である。開口部が窓であってもよく、塀にあけられたくぐり門であってもよい。それらは円や多角形などいろいろ珍しい輪郭をもち、あるいは直線・曲線の複雑な組子で飾られることもある。これらを透してみる風景は、変化の妙をきわめる。

しかし、なかでも面白いのは網師園[3]の濯纓《たくえい》水閣のように、室の奥壁の中央に窓を開け、そこから背後の庭を見せる趣向である。(下図)　普通ならばこの所には書画をかけるのであるが、この場合は画のかわりに実際の風景を見せるわけである。しかもその前に通例どおり前机が置いてあるのも愉快である。

1　蘇州城内の西南部にあり，11世紀に文人蘇舜欽（子美）が住んでいたとき滄浪亭と名づけた。
2　落地罩　開口部の上部と両脇にとりつけた透し障子で，床面に達するもの。
3　蘇州城内の東南部にあり，12世紀の官吏史正志が創築したという庭園。

65——64

25 ロプブーリのフラ・プラン・サム・ヨット　タイ1

ロプブーリはバンコクの北約一五〇キロのところにあるメナム河沿いの町で、五世紀ごろ以来、近世にいたる各時代の史跡に富む。バンコクから車できて町に入ると、すぐ右手の台地上に雄大な三つの塔が建っている。(上図)　これがワット・フラ・プラン・サム・ヨット[1]である。一〇世紀から一二世紀のころ、カンボジアのクメール人がタイを支配していたころの建築である。

三つの塔は並んで東面し、東がわには後の時代の煉瓦造の拝殿があり、仏像が置いてある。しかし、もとから仏教寺院であったかどうかは明らかでない。上図は西南からみたもので、すべて黒いラテライト[2]で築かれ、ところどころに漆喰仕上げのあとを残している。どの塔も四方に玄関をつけているが、塔の中間では渡り廊下となる。玄関は二段に突出し、それぞれ火焔状の破風をあげる。塔の本体は層状に築かれ、中央のものが他よりもやや高い。上にゆくほど階高がせばまり、全体として凸曲線の輪郭を描く。プランは正方形であるが、隅の部分を段型に凹ませている。下図によって、残存している漆喰仕上げの部分をみると、濃密な植物装飾や人面・蛇神《ナーガ》などで飾られていたことがわかる。また隅の部分の砂岩製の角《つの》状飾りや中央飾りには偶像が彫られている。

この塔の形は、カンボジアのアンコール遺跡の塔などによく似ている。これは、タイがクメール人の支配下にあった時代の建築として当然であろう。しかし同時にインドのヒンドゥー教寺院のシカーラ[3]とも似ている点に注意したい。それらはどれも多層建築の形からきており、しかも段型つき正方形のプランと、凸曲線の輪郭をもっていて、造形上の基本性格は同一である。なおこの種の塔は、タイでは仏教寺院の塔の一形式としてとりいれられ、フラ・プラン[4]とよばれて近世まで引きつづき行なわれる。しかし時代が下るとともに、高い台の上にトウモロコシを立てたような格好になる。

1　Wat Phra Prang Sam Yod, Lopburi
2　Laterite　空気にふれると硬化する土。地中から切りだして硬化させ，建築用材として用いる。しかし表面は粗雑である。
3　34，35参照
4　Phra Prang

67——66

26 スコタイのワット・マハタット

タイ2

スコタイはバンコクの北方約四五〇キロのところにある。カンボジアのクメール人の支配から脱して、はじめて独立王国を建てたタイ人が、一三世紀半ばから約一世紀のあいだここに都をおいた。現在、赤土の土塁を三重にめぐらした矩形の都城阯[1]を中心とし、その内外に三〇余の寺院阯が散在する。それらの多くは仏教寺院で、最も大規模なのは都城のほぼ中央にあるワット・マハタット[2]である。王城阯の西に接する約二百メートル角の境内のなかに無数の建造物が遺っている。そのなかには仏塔や仏堂や露仏などがあり、また仏塔のうちにもインドのストゥーパ[3]とそっくりのものもあれば、カンボジア式の塔[4]もあり、五重塔のような形のものもある。

図は境内の北よりにある最も主要な一画の一部を示したもので、中央にみえるのは、その一画の主体をなす仏塔である。この塔は、四面にカンボジア式の塔、四隅にタイ独特の尖塔を立てた複雑な構成からなる。しかし異様な輪郭をもつ中心塔の上部は後世の改作であろう。

この仏塔の東には東西方向の仏堂が二つ、列車のようにつながっており、それぞれ基壇や柱をのこしている。前方の仏堂は後世の増設であるが、後方の仏堂は創立時のものと思われ、図に示すように左右各二列の円柱が立っている。円柱は黄色のラテライト[5]を積んで上細りに作り、表面は漆喰で滑らかに仕上げていた。屋根と外壁は木造であったと思われる。床は石敷きで、奥に仏壇があり、かつてはそこに仏像が安置されていた。つまりこの堂は、背後の仏塔を拝むための拝殿の意味をもつと同時に、仏壇上の仏像を礼拝するための仏堂の役目も果たしていたのである。これはインド古代のチャイチヤ窟[6]にみられる仏教寺院の構成と密接な関係をもつものと思われる。それにしてもこのように縦長の空間を四列の列柱で区切り、奥端に仏壇を置いたところは、旧サン・ピエトロ[7]をはじめとするバジリカ式キリスト教会堂に酷似していて興味が尽きない。

1　東西約1.8km，南北約1.4km
2　Wat Mahathat, Sukhothai
3　32，33参照　この系統の仏塔はタイではフラ・チェディ Phra Chedi とよばれる。
4　前項参照
5　前項注2
6　33参照

69——68

7　77参照

27 チェンマイのワット・ファン・タオ　タイ3

チェンマイは北部タイの中心で、バンコクに次ぐ大都市であるが、日本の京都のように古い文化をよく保存している。一辺六〇〇メートルほどの正方形に濠をめぐらした都城の内外に多数の史跡があり、とくに注意をひくのは、例の少ない木造の仏堂が遺っていることである。タイには、仏塔とともに仏堂も古くからあったことは、前項でのべたスコタイの遺跡からも知られる。しかし古い遺構は乏しい。しかも現存の例では、屋根や列柱は木造でも、壁は煉瓦造のものが多い。この点、チェンマイのワット・ファン・タオ[1]の仏堂は貴重である。

ワット・ファン・タオは都城の中央部にある比較的小さな寺である。通例どおり仏塔の東に東西方向の仏堂があるが、この仏堂は基壇だけが煉瓦造で、あとはすべて木造である。(上図) プランは単純な長方形で、屋根は切妻[2]造りであるが、棟を前後の部分で段違いに下げ、また庇屋根も段違いに葺いているため、タイ独特の複雑な形になっている。窓は繰型つきの連子窓《れんじ》[3]で、内側に両開き板戸をたてる。入口は東端にあり、木彫と陶片の象嵌《ぞうがん》で飾る。内部は土間で、縦に二列の朱塗りの円柱をならべ、西端に仏の坐像を安置する。(左下図) 上部架構は梁と束《つか》を交互に重ねてゆく方式で、その上に母屋桁《もやげた》[4]・棰・木《こ》舞《まい》[5]をわたし、木舞の上にじかに薄い黄色の瓦を葺く。(右下図) この際、屋根の棟や庇の段違いはそのまま内面にあらわれるが、すべて屋根裏で適当に処理されており、内部空間には影響していない。つまり、屋根の段違いは外観に変化を与えるためだけのものであることがわかる。

ところでこの仏堂のように、細長い空間の前・後に出入口と仏像を置き、中間に二列の列柱を立てるのは、タイの仏堂の一般形式で、すでにスコタイ時代の仏堂もこの種のものであった。しかも注意したいのは、この形式が、全く関係がないはずのキリスト教のバジリカ式教会堂[6]と同じ構成であることである。

1　Wat Phan Tao, Chieng Mai
2　4注1
3　連子窓　細い縦材を立てならべて固定した窓。
4　5注7
5　木舞　棰の上に，棰木に直角にならべる細い水平材。
6　77参照

71——70

28 バンコク王宮のドゥシット謁見殿

タイ4

タイ独特の建築造形が最も華麗に展開した近世の例として、バンコクの王宮内のドゥシット謁見殿[1]を挙げよう。

謁見殿は正十字形のプランをもち、北に玄関をつける。(下図) 十字形プランの建築はプラサード[2]とよばれ、タイで独自の発展をとげたものである。壁は煉瓦造、屋根は木造である。屋根は、棟の方向に三段、流れの方向に二段の段違いをつける。したがって前項でのべた仏堂より一段と複雑である。瓦は中央部を緑色、棟の部分を白とし、周囲は赤で縁どり、大変鮮やかである。

棟の端にはチョファ[3]とよぶ金色の装飾をつける。これは爪先の長い靴をはいた足のようにみえるが、とくに何かを模写した形というわけではなく、棟の先端を強調するためのものである。各段の破風の下端にもガオ[4]とよぶ上方に反転した部分をつける。この場合は動物の形をしているが、これもチョファと同様の視覚的効果をもつ。すなわちチョファもガオも、部材の軸線の末端を上方に跳ね上げ、重力に反抗するような緊張感を示す。それらは屋根の反《そ》り[5]と類似の視覚的効果をもつわけで、チョファはちょうど鴟尾《しび》[6]に相当する。ただしチョファを鴟尾の模倣だと考える必要はない。

上図は屋根の交点に立っている尖塔であるが、この形の上部はフラ・チェディ型の仏塔[7]からきていると思われる。しかし台座の部分は、水平の屋根を何段にもかさね、各段に小さな破風や隅飾りをつけており、それらの取り扱いはむしろビルマの木造尖塔[8]に似ている。この屋根の尖塔と同じ形は、この建物の窓の上部飾りにも、また付属建物の屋根にも反復されている。(下図) それらの輪郭はすべて二本の凹曲線からなり、尖端は鋭く天空を刺す。他方、この形は近世タイの仏塔の輪郭でもあり、国王の王冠の形でもあり、踊り子の冠の形でもある。つまり、この形は近世タイのすべての造形の基本調子なのである。

1 Dusit Maha Prasad, Bangkok. 1782
2 Prasad
3 Chofa
4 Ngao
5 10参照
6 7，22参照
7 26注3

8　31参照

29 パガーンの寺院　ビルマ1

パガーン[1]はビルマの中央より少し南にあり、イラワジ河の東岸にひろがる一大遺跡で、一一世紀半ばから一四世紀初めまで、ここにビルマの都があった。現在、四〇平方キロの地域に約五千の仏教寺院阯があり、小高いところから見わたすと、広大な緑の平野に塁々たる煉瓦の堆積が散在し、地平線まで続く眺めは壮観である。

ところでパガーンの仏教遺跡には、主なものが二種類ある。ひとつはインドのストゥーパ[2]からきたものであり、他は同じくシカーラ[3]からきたものである。ストゥーパ系統のものは、いわゆるパゴダ[4]で、半球を伏せた形を主体とし、内部空間をもたない。大規模なものもあるが、基本的にはタイのフラ・チェディ[5]と同じである。

ここで注目したいのはシカーラ系統の方で、これは他の仏教国の仏堂に相当し、ビルマ独特の性格をもっている。(上図)　下に、正方形プランで一階もしくは二階の垂直の壁をもつ部分があり、その内部に仏像を安置し、四方に玄関をつけ、参拝者が入れるようになっている。上には段型の斜面からなる屋根をつくり、その中央頂部にシカーラを立てる。材料はほとんどの場合煉瓦で、天井はヴォールト[6]構造とする。煉瓦の表面は漆喰で仕上げ、浮き彫りを施し、内壁・天井にはしばしば図像を描く。この種の寺院の例は無数にあるが、最も大きいのはアーナンダ寺で、今なお多数の参詣者で賑わっている。

この種の寺院建築は、起源的にみた場合、インドのシカーラの台座が発育したものとみてよい。しかしビルマでは、この台座の部分が垂直・水平の線からなる明確なマスとなって全体を支配し、シカーラそのものは単なる屋根飾りとなっている。その結果、立面は西洋のローマ建築やルネッサンス建築に似た端正な印象を与える。しかし、出入口や窓の上部につけられた火焔状の装飾はビルマ独自の造形的要素で、激しい運動感を示す。(下図)

1　Pagan
2　32，33参照
3　34，35参照
4　Pagoda　上図の左から３番目のものはその例。
5　26注３
6　Vault　アーチを半円筒形に連続させたトンネル状の構造。中国・西方アジア・イタリアでも古くから用いられた。

75——74

30 シュウェダゴン・パゴダ

ビルマ2

シュウェダゴンの塔[1]は首都ラングーンのシンボルである。小高い丘の上にあり、基部の直径四三三メートル、高さ九九メートルの巨大な構築物である。もっとも、創立当初はごく小さいものであったのを、煉瓦の皮をかぶせるようにして次第に拡大していったもので、一四世紀には高さ二〇メートルであったが、一八世紀末に現在の高さに達したという。

台座の下部は正方形の四隅を段型に凹ませたもの、台座の上部は八角形で、それより上は円形プランとなる。全体としての輪郭は凹曲線状であるが、塔の主体は中ほどのS字状の輪郭をもつ部分で、その肩には植物文の浮き彫りを飾り、中央部に細い水平帯をめぐらす。この部分がインドのストゥーパ[2]からきていることは明らかである。しかし、上から下まで全体として見た場合、このように凹曲線が優勢なのは近世ビルマの特色で、周囲にならんでいる小塔の輪郭もすべて凹曲線からなり、また拝殿や小祠の多層屋根も、みな凹曲線を描いている。これと同様の傾向は、近世タイのフラ・チェディその他の造形にもみられるところ[3]で、近世のタイ・ビルマに共通の現象といえる。ただシュウェダゴンの場合は、それが巨大で金ピカで、あまりにも一徹な姿をしているため、われわれ他国人には一種異様な印象さえ与えるのである。

しかし他方、タイと違っている点もある。シュウェダゴンでは、東西南北に全く同形の拝殿が付属し、それぞれ内部に仏像を祀っている。すなわち、仏塔を中心とする四方対称の構成である。これに反し、タイでは仏塔の東面だけに仏堂を建て、これに拝殿の意味をもたせていた[4]。この相違は、ビルマではタイにおけるよりも仏塔の意義が大きい、ということを物語っている。実際、ビルマは「パゴダの国」とよばれるほど仏塔が多い。今日でも田舎に行くと、壺を持ってぞろぞろ歩いている一群の人たちに出会う。かれらは、もっとパゴダを建てるために喜捨を集めてまわっているのである。

1 Shwe Dagon　ダゴンはラングーンの古名で，シュウェ・ダゴンは「黄金のラングーン」という意味。
2 32，33参照
3 28参照
4 26，27参照

77——76

31 マンダレーの木造修道院

ビルマ3

マンダレーは、一九世紀の半ばからビルマが英国の支配下に入るまで王国の都であった。[1]今も四角く濠をめぐらした都城阯があり、そのなかには第二次大戦まで木造宮殿があった。しかし現在、木造建築として注目すべきものとしては、仏教修道院が二ヵ所遺っているだけである。ひとつはシュウェナンドウ修道院[2]で、ティボウ王によって建てられた宮廷付属寺院であったため、外部の装飾彫刻や内部の金箔装飾が華麗である。いまひとつはシュウェ・イン・ビン修道院[3]で、これは一八九五年にウー・サク・シュウィンという中国商人によって建てられたものと言い、諸堂がよくそろっている点が特色である。ここでは後者について見ることにする。

シュウェ・イン・ビン修道院の配置は、他の例と同様東西方向に長く、東から礼《らい》堂・本堂・経蔵とならび、それぞれ渡り廊下で接続されている。全部木造で、高床《たかゆか》造りとし、ただ階段は煉瓦造漆喰塗り、屋根は波板トタン葺きである。本堂は内陣部分の柱を高くし、周囲の柱を次第に低くしているため、外観は三重屋根となる。(上図左)これは構造・外観ともノルウェーの木造教会堂[4]によく似ている。礼堂の上に立っている多層屋根の尖塔は、ビルマの宮殿・城門などにひろくみられるものと同じ形式である。

壁面・開口部・手摺など、随所に精巧複雑な彫刻を施す。モチーフには仏像や植物文もあるが、最も特徴があるのは破風の装飾である。下図は礼堂の南玄関の上部で、屋根が二段になっているため、破風も二段になっている。これらの破風の下端《たん》には、牛の角《つの》のような装飾材が外方にむけて突出している。斜めに下降する破風の直線が、ここではほぼ直角に折れ、S字状に反曲して鋭く内側に跳ねる。そこには異常な力動感と速度感がある。しかもこの牛の角の形は破風だけでなく、開口部や龕《がん》の額縁にも用いられている。また一般に、王の玉座や仏像の後屏など、近世ビルマの造形のいたるところにみられ、しかも最も目立つ特徴的モチーフである。

1　1857—'85
2　Shwe Nandaw Kyaung, 1880
3　Shwe In Bin Kyaung
4　101参照

79——78

32　ストゥーパ　インド1

インドでひろく仏教が行なわれたのは、紀元前三世紀ごろから紀元後七世紀ごろまでである。その間、初期の仏教徒は仏像をつくらないで、釈迦の遺骨・歯・髪などの遺品を主な礼拝の対象とした。そしてそれらの遺品を恒久的に保存し、またその所在を人びとに広く知らせるために採用したのが、半球を伏せた形の塚、すなわちストゥーパ[1]であった。

土を丸く盛りあげた塚は、世界の他の諸地域におけると同様、インドでも太古から墓として用いられていたのであろう。初期の仏教のストゥーパも土を盛りあげたものであったと思われるが、耐久性を与えるため、煉瓦や石材を用いるようになる。またとくに大規模なものでは内部を空洞にし、煉瓦造の壁を縦横に組んで半球体の骨組みとするものもあらわれた。仏教徒はこのストゥーパのなかに釈迦の遺品をおさめ、立派に装飾して礼拝した。それは釈迦の墓として、釈迦の人格を表現すると同時に、仏教の教理や信仰の表現でもあった。ただしストゥーパを宗教のシンボルとして用いたのは仏教だけではなく、ジャイナ教[2]でも用いている。

地上に築かれた仏教のストゥーパの遺跡は、サンチーをはじめバルフート、アマラヴァティなどにある。図はそのようなストゥーパを飾っていた彫刻の断片で、三世紀のアマラヴァティ派の作品[3]である。浮き彫りであらわされたストゥーパは高い台座に載っている。この例ではすでに、台座の正面中央に釈迦の立像がとりつけられている。その上にはバルコニーのような突出があり、五本の柱が立っているが、同様の柱は左右にもみえるので、このようなバルコニーはストゥーパの四面にあったことがわかる。半球体の表面は繰型や唐草や各種の図像で賑やかに飾られている。頂上には四角い平頭《へいとう》を置き、その上にきのこのような傘蓋《かさ》を立てる。その左右の棹にひるがえっているのは幢幡《のぼり》である。われわれはこの浮き彫りによって、最高度に修飾された状態の「塚の建築[4]」をみることができる。

1　Stūpa
2　現在もインドで行なわれている宗教のひとつで，仏教と似た教理をもつ。
3　大英博物館所蔵
4　3参照

81——80

33 カールリのチャイチヤ窟　インド2

初期の仏教石窟はボンベイ地方に多い。カールリ[1]石窟はボンベイから約一二〇キロ東に入った高原の岩山の上にあり、ひとつのチャイチヤ[2]すなわち仏堂窟と、いくつかのヴィハラ[3]すなわち僧房窟からなる。このうちチャイチヤ窟は紀元前後ごろのものと考えられ、この種の石窟のうち最大の規模[4]をもつ。

前面左手に記念柱が立ち、つぎに二階吹き抜き[5]の玄関があり、その奥に縦長の主室がある。主室の左右には二列の柱がならび、列柱の上にヴォールト天井[6]がかかり、突き当たりにストゥーパ[7]を安置する（図）。列柱もストゥーパも、すべてもとの岩盤から掘りのこしたものであるが、注意すべきは木材が用いられていることで、ストゥーパの上の傘蓋、天井ヴォールトのアーチ状の棰《たるき》などは木製である。このことは、この石窟の形式が、平地に組み立てられた木造建築の形からきていることを暗示する。

しかしここでもっと注意したいのは、内部空間[8]の構成原理がキリスト教のバジリカ式教会堂と同じであることである。すなわち、どちらも縦長の空間の一端に入口、他端に礼拝の対象を置き、その中間に二列の列柱を立てる。そして後端部を円くする。これは偶然の一致とは思えないぐらいよく似ている。しかもこの石窟は紀元前後ごろ造られたものであるから、キリスト教の影響ということは絶対にありえない。両者はそれぞれ独立に発生し、完成したものとみなければならない。すなわち、同種の建築的課題が与えられた場合には、特別の事情がないかぎり、同種の建築的解答が出される、ということのよい例である。

なお、ストゥーパを礼拝する場合には、その周囲を巡回したのだという説があるが、この説は、この石窟には当てはまらない。なぜなら、ストゥーパと後端部の列柱との間の隙間はひどく狭く暗く、またこの部分の列柱は他より粗末で、とうてい巡回儀式に使えるような場所ではないからである。

1　Karli
2　Chaitya
3　Vihara
4　全長44.5m
5　吹き抜き　途中に床（ゆか）がなく，上下筒ぬけになっていること。
6　29注６
7　前項参照

8　77参照

34 ブバネシュワールのパラスラメスワール寺院　インド3

北インドのヒンドゥー教建築の初期の姿をみるためには、東海岸オリッサ州のブバネシュワールに行かなければならない。そこはヒンドゥー教の一大中心地で、壮大なリンガラージャ寺院をはじめとして、町中いたるところに古い石造寺院がある。そのうち、ここであげるパラスラメスワール寺院[1]は、比較的小規模ではあるが、八世紀にさかのぼる最古の遺構である。

建物の構成は簡単で、東にリンガ[2]を祀る塔状の本殿があり、その西に接して平家《ひらや》の拝殿（礼堂）が建つ。（上図）　本殿はいわゆるシカーラ[3]の形式で、ほぼ正方形のプランをもち、厚い外壁の下部は垂直であるが、上部は緩い凸曲線を描きながら縮小し、頂上には円く平たい南瓜《かぼちゃ》のようなアマラカ[4]をのせる。上部の壁面は無数の水平の帯を積み上げた形をしている。（下図）　しかしよくみると、隅の部分には数段ごとにアマラカが挿入され、そのそばには龕《ニッチ》[5]が重ねられているので、それらを数えると、この塔の上部は五層の部分からできていることがわかる。頂部と隅のアマラカは傘を意味すると思われる。また各面の中央部とその両側には、アーチ状の窓の形が反復されている。これらの要素から判断すると、この塔の上部の形式は多層建築の形からきたものに違いない。しかし各部は著しく変形され、装飾化されている。全体の輪郭が凸曲線をなすことも、多層建築の必然的形態とは言い難い。したがってこのシカーラの形は、数百年にわたる独自の建築的発展の結果を示すものであろう。

なおこの寺の拝殿の形も注目に値する。縦長の内部空間の両側に二列の角柱をならべたプランで、緩やかな勾配の屋根石で蔽うが、列柱の上で段差をつくり、そこから採光しているので、外からは重層屋根にみえる。これはバジリカ式教会堂[6]の形式に似ていると同時に、木構造の考え方を濃厚に反映している。のちのヒンドゥー教寺院の拝殿の原型である。

1　Parasrameswar, Bhubaneshwar
2　Linga　男根の形をしたシヴァ神のシンボル。
3　Shikara
4　Amalaka　果物の一種
5　龕（ニッチ，がん）　壁の一部の凹みのこと。彫像などを置く。
6　77参照

85——84

35　カジュラホのカンダリヤ・マハーデヴァ寺院　インド4

カジュラホは北インドの中央部にあるヒンドゥー教の一大遺跡で、ブバネシュワールにつぐ時代の寺院群からなっている。すなわち一〇世紀[1]から、この地がイスラム教徒に征服されるまでの間の、ヒンドゥー教芸術の爛熟期の作品を数多くみることができる。そのうち、建築物として最大で最も印象的なのは、西方群の中心部にあるカンダリヤ・マハーデヴァ[2]である。

全体が高い基壇上に建ち、東から西へ、小玄関・大玄関・拝殿・本殿と続く。入口は小さく低く、奥ほど大きく高くなる構成である。最も壮大なのは本殿すなわちシカーラ[3]で、高さは基壇上約三〇・五メートルある。図は南から見上げたもので、一見きわめて複雑にみえるけれども、基本的には前項でのべたブバネシュワールのシカーラと同じものである。すなわち、中央の最も高い部分が本体をなすシカーラで、その四方に第二次のシカーラが突出する。つぎに第二次シカーラの三方に第三次シカーラがつく。さらに各面中央の第三次シカーラから外方に第四次シカーラが突出し、第四次シカーラの三方に第五次シカーラがつく。そしてそれらの間の空隙や基部も、それぞれ小シカーラで埋められ、総計八四の小シカーラが付着した小山のようになったのである。各シカーラの表面は、彫刻があまり細かいので織物の織目のようであるが、よくみるとアーチ状の窓やアマラカ[4]が整然とならんでおり、要素的にはやはり前項でのべたシカーラと同じであることがわかる。

したがって、このシカーラの造形原理は、要するに「縮小反復による複雑化」であって、どの造形文化圏でも爛熟期にはみられる現象である。しかしこの建築は、末期的作品によくみられる平板さ、虚弱さをまだ感じさせない。むしろ人を圧倒する迫力がみなぎっている。このことは、たとえば同じカジュラホでも東方群の、末期に属する諸作品と比較してみれば明瞭である。

1　1310年
2　Kandariya Mahadeva, Khajuraho　11世紀初め。
3　前項参照
4　前項参照

87——86

36 マハバリプーラムの馬蹄形祠堂

インド5

マハバリプーラムは、南インドの中心都市マドラスの南約八〇キロの海岸近くにある。付近一帯が花崗岩の岩盤からなり、その岩盤を利用して無数の宗教建築や彫刻がつくられている。なかでも南部地区にある「五つの神車」[1]とよばれる遺跡は、五つのヒンドゥー教祠堂を岩盤から掘りぬいたもので、七世紀にさかのぼると考えられる。祠堂はどれも小型であるが、プランは正方形あり、長方形あり、馬蹄形あり、階数も平家《ひらや》から数階建てまであり、また屋根の形もすこぶる変化に富む。そしてこれらはどれも古代南インドの基本的な建築形態を示す。

そのうち図に掲げたのは馬蹄形プランをもつ祠堂で、サハーデヴァとナクーラ[2]を祀る。南北に長く、南に玄関が突出し、北端が円くなっている。玄関には獣形の柱礎をもつ二本の円柱を立てる。主屋は三階建ての形をしているが、一階はとくに高く、側・背面に柱型《はしらがた》[3]をつける。玄関の屋根と主屋の一・二階の屋根の上には沢山の小屋をならべている。隅には四角ドーム屋根の小屋、平《ひら》には半円筒形切妻屋根[4]の小屋をおく。頂上には、前面が切妻で後端の丸い半円筒形屋根をのせる。

この祠堂のような馬蹄形プランの建物は、古代インドにしばしばみられる。仏教の石窟寺院で、ストゥーパを安置するチャイチヤ窟[5]の後端が円いのも、この種の建築形式と関係があると思われる。また庇屋根の上に小屋をならべる珍奇な手法は、マハバリプーラムの他の祠堂にも盛んにあらわれるもので、後世、南インド独特の建築装飾として発展する。

なお玄関の円柱や側・背面の柱型にも注意する必要がある。柱頭はギリシア・ローマのものにやや似ているが、柱頭の上で十文字に交叉している持ち送りは、中国系建築の肘木《ひじき》[6]のように、下端《ば》から先端《たん》へかけて凸曲線を描いている。これは当然、先行するインドの木造建築からきた形式であろうが、ここでこのような斗栱[7]の類似物に出会うことは驚異である。

1 Five Rathas, Mahabalipuram
2 Sahadeva, Nakula
3 柱型　柱の形をした矩形断面の部材を壁面に突出させたもの。
4 4注1
5 33参照
6 7参照
7 7参照

89——88

37 マドゥライのミナクシ寺院　インド6

インド半島の南部には巨大なヒンドゥー教寺院が多い。そのうちでもマドゥライのミナクシ寺院[1]は最も有名である。現在の建築物は主として一七世紀半ばに造られたもので、装飾過剰の末期的様相を示してはいるが、その規模の厖大さと造形意欲の猛烈さは、訪ねる人びとを圧倒せずにおかない。本殿の周囲の大回廊や東北隅の千柱殿なども一見の価値があるが、とくに印象的なのはゴプラム[2]である。

境内はやや東西に長い矩形[3]で、東を正面とし、その四方に高さ約七〇メートルのゴプラムを建てる。(図) 境内の中央部に内郭があり、その四方にもやや小さい第二ゴプラムが建つ。内郭の中心に本殿があり、本殿の上にドーム屋根の塔が建つが、これは最も低い。このように、外側の門を最も大きく、内側の建物ほど小さくしてゆくのが、南インドのヒンドゥー教寺院の定型である。これは、北インドのヒンドゥー教寺院で玄関が小さく本殿が大きいのと逆であり、むしろ古代エジプト神殿で外側のパイロン[4]ほど大きかったのと似ている。

ところでゴプラムの表面は、一面に極彩色の彫像で蔽われてギラギラしているが、よくみれば建築的な骨組みがわかる。すなわち、一〇階建ての建物の上に半円筒形の切妻屋根をのせたものである。一階には明らかに基壇や柱型[5]があり、二階以上には小型のドーム屋根や半円筒形屋根が見わけられる。すると、このゴプラムの形の基礎になったのは、前項でのべたマハバリプーラムの祠堂の建築であることがわかる。ただここでは、規模が異常に巨大化する一方、彫像が前面に進出して建築的な骨組みを隠してしまったのである。それが千年間の変化の結果である。

なお今ひとつ注意したいのは、ゴプラムの側面の輪郭がゆるやかな凹曲線を描いていることである。これは北インドのヒンドゥー教寺院のシカーラ[6]がつねに凸曲線の輪郭をもつのと全く対照的である。この点はむしろ、近世のタイ、ビルマの造形[7]に近い。

1　Minakshi Temple, Madurai
2　Gopuram　塔状の門
3　254m×237m
4　61参照
5　前項注3
6　34，35参照
7　28，30参照

91——90

図の説明　左側にあるのが西のゴプラム，その右は北のゴプラム，北のゴプラムの手前にみえるのが西の第２ゴプラム，その右に最も小さくみえるのが北の第２ゴプラム。

38　アグラのタージ・マハール　インド7

イスラム教は、一〇世紀ごろよりイランからアフガニスタン・パキスタンを経てインドに流入しはじめたが、インド全域にひろがったのは、一六世紀半ばにムガール帝国ができて以後である。しかも在来のヒンドゥー教が亡びてしまったわけではなく、イスラム文化とヒンドゥー文化は共存したまま現代に至っている。

　インドのイスラム式建築としては、宮殿やモスク[1]のほか、支配者の墓廟に立派なものが多い。アグラのタージ・マハール[2]はその種の墓廟の代表的な例で、一七世紀半ば、ムガール朝のシャー・ジャハン帝[3]が寵妃ムムタズ・マハールのために造ったものである。門や庭園、付属モスクなどを含め、整然たる左右対称の幾何学的構成をもつ。主建築は全部白大理石造で、高い基壇の上に建ち、基壇の四隅に円いミナレット[4]を立てる。(上図)　建物のプランは隅切り正方形で、中央に大ドーム、その四隅に小ドームをのせる。完全な四方対称形である。大ドームは、下部がやや外に張り出し頂部の尖った葱《ねぎ》花形で、その夢に満ちた輪郭線と、人肌のように滑らかな曲面の美しさは比類がない。このドームの直下には正八角形の吹き抜き[5]の大広間があり、八角の石造スクリーンの中央にムムタズの石棺が安置されている。

　四方の入口と各面の窓の外側には、それぞれ尖頭アーチ形の凹みがあり、建物の外壁面にくっきりとした陰影をつくりだしている。下図は東の入口の上部をみたもので、壁面の細部を示す。アーチの上の唐草文様、その周囲をめぐるコーランの文字、その上のパラペット[6]や両脇の尖塔などの装飾は、すべて貴石象嵌《ぞうがん》である。これは大理石を彫りくぼめて瑪瑙《めのう》などの色石を埋めこみ、表面を平滑に磨きあげたもので、材料・手間ともに驚くべく贅沢な工芸的手法である。しかし、このように平坦な表面上の色彩の変化によるイスラム式造形は、複雑な凹凸を基本とするインド古来の造形[7]と、際立った対照をなすものである。

1　Mosque　回教の寺院。アラビア語ではマスジッド Masjid
2　Taj Mahal, Agra 1643
3　Shah Jahan（在位1628—'58）
4　Minaret・イスラム教寺院に付属する塔で，礼拝の時間に指導者がこの上でコーランの章句を朗唱する。
5　33注5
6　Parapet　壁が屋根面より上に突き出た部分。

93——92

7　たとえば32，35，37参照

39 インドの透し彫り窓　インド8

インドは年中気温が高いばかりでなく、日本と同じように夏季の湿度が高い。そのため、開口部を完全に閉鎖しない内部空間が用いられる。たとえば現代の事務所などでも、孔のあいたコンクリート・ブロックを積んで外壁とし、夜間も戸をたてない場合が少なくない。このような気候と生活習慣から生まれたのがインドの透《すか》し彫《ぼ》り窓である。これは、外壁面いっぱいに大きな窓をあけ、それに石造の格子《こうし》をはめたものである。立派な建物では、格子に厚さ数センチの粘りのある良質の大理石板を用い、これに精巧な透し彫りを施したものが多い。

上図はアグラのイティマッド・ウッダウラの墓[1]の例である。一七世紀初めの建物で、タージ・マハール[2]に似た配置をもつが、タージ・マハールでドームのある部分が水平屋根になっていて、その中央に長方形の墓室が建っている。そしてこの墓室の周囲はすべて透し彫り窓である。図案は柱間により変わっているが、図に示した部分では、太い六角形と星形のなかに無数の小さい六角形をいれたもので、精巧この上もない。

下図は同じころのデリーの宮殿のなかの展望台[3]である。ヤムナ河にのぞむ河岸の城壁上にあり、かつては国王や廷臣たちが河原で催される象の闘技を見物した場所である。台形に突出した壁面、戸口まわり、バルコニーの手摺など、すべて大理石の透し彫りである。図案は比較的簡単な網状文であるが、この場合はそれがかえって爽快な印象を与える。

これらの透し彫り窓は、インドのイスラム建築の特色をよくそなえている。その造形的特色は、ひとつの平面内に白と黒のパターンを描きだす点にある。内からみる場合と、外からみる場合とで白・黒の関係は逆になるが、いずれにせよ、凹凸ではなく、明暗のみによって構成される点が特徴である。タージ・マハールに関連してのべた貴石象嵌などと同様、イスラム建築の一般的特色である「平坦さ」[4]を別個の方法であらわしたものといえる。

1　Itimad-ud-daula's Tomb, Agra 1628
2　前項参照
3　Lal Qila (Red Fort), Delhi　1638—'47。 Muthamman-Burj の展望台。
4　44参照

40　バドガオンのニャタポーラ寺院

ネパール1

現在、ネパール人の大部分はヒンドゥー教徒である。ネパールの一部には、古代インドのストゥーパ[1]そのままの仏教寺院があるけれども、チベット人の仏教徒によって信仰されているにすぎない。

さてネパールのヒンドゥー教寺院には二つの形式がある。一つは石造でインドのシカーラ[2]の形をしたもの、他は木造多層屋根のものである。このうち著しい特色があるのは木造多層屋根のものである。ただし木造といっても純木造建築ではなく、壁体は煉瓦造で、一階の庇まわりと各階の屋根と床《ゆか》だけが木造である。ほとんどが正方形プランで、階数は一層・二層・三層など各種あるが、二層・三層のものが比較的多く、まれに五層のものもある。屋根は瓦あるいは銅板を葺き、最上層は宝形《ほうぎょう》[3]とする。図はバドガオンのニャタポーラ寺院[4]で、五層屋根の例である。広場を前にして南面し、五段の基壇上に建つ。この建物は内部に神体を安置する本殿であるが、拝殿などに相当する建物はなく、これが寺院のすべてである。

しかしこの建築がわれわれを驚かせるのは、日本の仏教寺院の五重塔[5]に酷似しているからである。そのため、これは中国の多層塔の形がネパールに影響したのではないか、という考え方もでてくる。しかしネパールでは寺院だけでなく、宮殿や集会所で多層屋根のものが少なくない。町の商店の屋根の上に小さな宝形屋根の楼閣をのせているのも見うけられる。このような状況からすると、多層屋根のヒンドゥー教寺院が、他からの影響なしにネパールで成立したことは充分考えられる。

なおネパールの木造屋根には反《そ》りがない。この点は中国系の多層塔と異なる。しかし隅降り棟[6]の先端の装飾に注意する必要がある。これは瓦製もしくは青銅製金メッキのもので、鳥の爪のように尖った形をしており、棟の末端を鋭く跳ねあげる視覚的印象を与える。効果の点では中国・日本の屋根の反《そ》り[7]や、大棟の鴟尾《しび》[8]と同性質のものである。

1　32，33参照
2　34，35参照
3　宝形　正四角錐形の屋根。
4　Nyatapola Temple, Bhadgaon
5　6参照
6　22注3
7　10参照

97――96

8　7参照

41　クマリの宮殿

ネパール2

クマリは日本でいえば巫女《みこ》である。四、五歳の童女のなかから選ばれ、生き女神として国民から信仰される。カトマンドゥの王宮の南にある専用の宮殿に侍女たちとともに住み、一切外出しない。ただ年に一度のインドラヤトラの祭のときには輿《こし》にのって町を行列し、国王に祝福をさずける。

クマリの宮殿は[1]、ネパールの他の宮殿や僧院と同じく中庭式である。北の入口から中庭に入ると、突きあたりに豪華な戸口があり、その上階にクマリの居間があって、ときどき異様な化粧をしたクマリが顔をだす。上図は中庭の西北隅を示したものである。建物は三階建てで、壁体は煉瓦造、屋根は瓦葺きである。一階の東・北・西の三方には吹き放し部[2]分があり、木製の梁と柱で上階をささえる。(下図)柱とその上の持ち送り[3]の彫刻はきわめて精巧で、彫りも鋭い。しかし形式からみると、インドの石造建築の細部の模倣である。二階の隅近くにみえる二つの窓はネパール独特の形式を示す。(上図)すなわち、窓台《まどだい》[4]と楣《まぐさ》[5]を両脇の煉瓦壁のなかまで延ばし、その間に左右の方立《ほうだて》[6]をいれたもので、骨組みは全体としてⅡ形をなす。これは煉瓦工事と木工事を同時に行なわないとできない形である。また三階には外方に傾斜した出窓があるが、これもネパールの宮殿や僧院によく見うけられる。これは元来、屋根の軒をささえる斜めの方杖《ほうづえ》[7]を利用し、内部空間を外へ拡張したもので、上階から下を眺めるのには都合のよい窓である。

しかし全般的に云って、ネパール建築で最も目立つのは複雑怪奇な木彫装飾である。そこには、神像や人物や動植物や繰型[8]で、すべての部分を埋めつくそうとする激しい造形意欲がみられる。これはインドの造形と共通のものである。しかし一方、木材を平らに削るとか、真直ぐに仕上げるとか、隙間なく並べるとかいう普通の大工仕事は驚くべく拙劣で、日本の日曜大工にも劣る。にもかかわらず、装飾彫刻となると狂気のような執念をもやすのである。

1　Kumari Chowk, Kathmandu　1757
2　7注8
3　持ち送り　一般に建築物の部分で，上方のものが下方のものより突出している場合，突出部の重量を補助の水平材などを用いて下方の部分に伝えるとき，この水平材などを持ち送りという。
4　窓台　窓の下におく水平材。
5　楣　窓や出入口の上にわたす水平材。

99——98

6　方立　窓や出入口の両脇に立てる垂直材。
7　方杖　軒や出窓の突出部あるいは梁などを下から斜めに支える部材。
8　18注8

第二部

東洋と西洋のあいだ

42 ペルセポリスの謁見殿　イラン1

ペルセポリスの宮殿は前五世紀ごろ、アケメネス・ペルシア時代に造営されたものである。[1]その後アレキサンダー大王によって焼き打ち[2]をうけたが、遺跡は今日まで比較的よく保存されている。アケメネス・ペルシアの文化は、メソポタミアに始まる西方アジア固有文化の最後の段階を飾るものである。しかしその建築には、西方アジアの伝統的要素とペルシア独自の要素が入り混じっている。

　宮殿建築の構成上まず目立つのは、建物がそれぞれ独立している点である。これは、メソポタミアやアッシリアの建築が、室や中庭をつぎつぎと造り続けた連続体だったのと、著しく異なる。アケメネス・ペルシアの宮殿の主要な建物は謁見殿《アパダーナ》と居殿《タチャーラ》[3]で、それぞれ独立した一構えをなす。ペルセポリスの謁見殿は遺跡中最大の建物で、一辺一一〇メートルの正方形プランをもち、東・北・西の三方に吹き放し[4]の玄関を開いていた。壁は煉瓦造であったと思われるが、ほとんど残存せず、ただ石造の円柱が何本も立っている。(上図)　このように独立した柱を用いるのも、土を主な建築材料とするメソポタミアではなかったことで、ペルシア建築の特色である。しかもその形をみると、下部には彫刻のあるベルを伏せたような形の柱礎を置き、柱身には多数の細い溝彫《フルーティング》りを施し、柱頭には花と渦巻きと、背中合わせの二匹の動物を置く。このような柱礎や柱頭の意匠はペルシア独特のものである。[5]柱の溝彫りや柱礎の上部の繰型[6]はギリシアのものに似ているが、[7]ほっそりした全体の比例は、石というよりむしろ木の柱に近い。この柱の上には木造の軽い屋根が載っていたのであろう。細部の彫刻手法も精巧である。

　精巧な彫刻といえば、基壇や階段の側面に施された浮き彫り装飾も精巧無比である。(下図)　しかし、あまりにも仕上げが綺麗すぎて迫力に乏しく、アッシリアの浮き彫りにみるような豪放さがない。このあたりに、西方アジアの伝統文化の終末期が感じられる。

1　主としてダリウスＩ世（在位B.C.521―486）とクセルクセスＩ世（在位B.C.486―465）の時代につくられた。
2　B.C.331
3　Apadana, Tachara
4　7注8
5　インドの石窟寺院（33参照）の柱頭に，これに似たものがあるのはペルシアとの関係を示している。

6　18注8
7　たとえば70参照

43 ナクシュ・イ・ルスタムの拝火堂　イラン2

ナクシュ・イ・ルスタム[1]の遺跡はペルセポリスの北約六キロのところにあり、ダリウス一世以下四人のペルシア王の岩窟墓が造られている。岩壁に掘りこんだ十字形の四つの墓がならんでいる有様は、まことに壮観である。しかしここで取りあげたいのは、その前に遺っている一つの石造建築物である。（図）この建物が、どのような用途のものであったかは明らかでなく、ゾロアスター[2]の神殿であるとか、王の墓であったとか、宝庫であるとか言われている。それはいずれにしても、建築的にきわめて特色のある建物である。

この建物のプランは一辺七・三メートルの正方形で、高さは約一四メートルあるが、写真では上部の三分の二ほどがみえ、それ以下は地表面下にかくれている。これは付近の地盤が高くなったせいで、現在では建物の周囲が発掘され、旧地表面に降りられるようになっている。写真は背（南）面からみたもので、前（北）面には高い階段がつき、高さの中ほどに造られた室に入れるようになっていた。

しかし興味深いのは外観で、一見コンクリート造の近代建築のようである。四隅に立てた太い角柱や、四角い枠をまわした盲窓《めくらまど》[3]の形、またさらに壁面に散らした長方形の孔など、いかにもしゃれたデザインで、紀元前六世紀の建築とは信じられないほどである。しかし細部をよくみると、この種の建物の原型が推察できる。すなわち、頂部の薄い軒の下に刻まれたギザギザは、岩窟墓の場合と同様、木造の棰《たるき》の端を表わしている。壁面の孔は煉瓦造からきているらしい。一般に煉瓦造の建築で煉瓦を積むとき、表面を一平面にしないでところどころ凹ませて積み、幾何文様を表わしたりして視覚的に変化を与えることは、最近のイランでも行なわれている。この建物の壁は、そうした煉瓦壁の形を石で真似たものであろう[4]。ただ四隅の柱と窓枠だけは、原型でも石造だったに違いない。したがって、この建物は木・石・煉瓦混用建築の姿を伝えているのである。

1　Naqsh i Rustam
2　ゾロアスターは拝火教の教祖とされる伝説上の人物。表題は簡単のためかりに「拝火堂」とした。なおパサルガダエにある同形の建物は「ソロモンの牢獄」とよばれている。
3　盲窓　壁の外面に凹みをつけただけの，開かない窓。
4　石は煉瓦よりも高級であるとする価値観からすればこれは奇妙だが，韓国では石をわざわざ小さく切って積み，煉瓦造のように見せかけた仏塔もある。

44　イスファハンのマスジッド・イ・シャー　イラン3

イスファハンは「ペルシアの真珠」と呼ばれる美しい町である。この町の広場やモスクや宮殿は、主にサファヴィー王朝のシャー・アッバース大王[1]によって建設された。町の中心は「王の広場《マイダン・イ・シャー》」とよばれる南北に長い矩形の広場で、その周囲を二階建ての商店がとり囲んでいる。広場の南端には王室寺院マスジッド・イ・シャー[2]、北端には公設市場《バザール》、東側に黄色いドームのルトファラー・モスク、西側に四階建てのアリ・カプ宮殿が建っている。

図はマスジッド・イ・シャーの門のなかから中庭を見たものである。奥にあるのが主な礼拝堂で、中庭の左右にもこれと似た小型の礼拝堂があり、それらは二階建ての教室などで繋がれている。主な礼拝堂の前面には二本の煙突のようなミナレット[3]が立つ。各礼拝堂の入口には大きく凹んだ玄関すなわちイワン[4]があり、その内部はドームをかけた正方形の室で、奥壁に礼拝の目標としてミーラブ[5]とよぶ凹みがつくられている。

このように整然とした幾何学的配置も美事であるが、最も素晴らしいのはタイル装飾である。比較的粗雑な煉瓦の表面に有色の釉薬《うわぐすり》つきタイルを貼っている。その色調は濃い青が主体で、これに黄が加わる。紺色の地の上にひろがる黄色いアラベスク[6]は、金箔を散らしたように輝いてみえる。ドームの外面とミナレットは淡い緑が主調で、これまた太陽の光に眩しくきらめく。

もともと西方アジアの建築は土の建築[7]である。粘土造りから日乾し煉瓦へ、それから焼成煉瓦へと発達し、さらに煉瓦の表面を釉薬で蔽うようになった。しかし一般に、それらの表面は凹凸をつけるのに適しない。そこで、表面を平滑に保ちながら、専ら色彩の輝きによる美を追求していった。そのように平面的で多彩な造形美の極致が、このイスファハンのモスクにみられるのである。そしてまたこのような造形原理は、タージ・マハール[8]の貴石象嵌にみられたものと同じである。

1　Shah Abbas Ⅰ（在位1587—1629）
2　Masjid i Shah, Isphahan
3　38注4
4　Iwan あるいは Liwan
5　Mihrab
6　Arabesque　何の植物かわからないほど抽象化された曲線からなるイスラム美術独特の連続植物文様。日本の更紗（さらさ）模様はその系統をひく。

7　46参照
8　38参照

45 イスファハンのチヒル・ストゥン　イラン4

チヒル・ストゥン[1]はイスファハンにおけるサファヴィー朝の最も重要な宮殿であった。東西に長い広大な庭園のなかにあり、この庭園から「王の広場」の西側の正門アリ・カプ[2]に通じていた。

宮殿の中心をなす建物は、一七世紀半ばにアッバース二世[3]によって建てられたもので、やや東西に長く、東面する。奥の方の半分ほどは閉鎖的な部分で、全煉瓦造とし、中央に三つのドームをかけた広間をつくる。広間の周囲の壁画や、ドーム天井の赤と金の彩色装飾は印象的である。しかしわれわれに興味深いのは、前方の開放的な部分である。（上図）

この部分はタラール[4]とよばれるペルシア建築独特の広い縁側で、前記のアリ・カプの上層にもある。木造で、間口は奥の部分に等しく、奥行は三柱間分であるが、中央部だけはさらに奥に入り込ませ、玉座を置くスペースをとる。玉座のまわりは鏡を貼って装飾し、背後の扉から奥の広間に通ずる。床《ゆか》はすべて煉瓦を敷き、真中にプールを設ける。上図は玉座の間付近より庭園側を見たものである。

この宮殿の名がチヒル・ストゥン（四〇本の柱）[5]であることからもわかるように、最も目立つのはタラールの柱である。根元には動物などを彫った石の柱礎を据える。柱身は堅い広葉樹材でつくり、断面は周囲のものは八角で、内側のものは円く、浅い溝彫りを施す[6]。柱頭も木製で、イスラム圏独特のスタラクタイト[7]の形を彫る。（下図）　どの柱も、柱身は上方にむかって急激に細まり、あたかも自然木を立てたかのようである。そのため首が異常に細くくびれている。同じ木造の柱でも、日本や中国の柱とは全く違う。他方、溝彫りのある円い柱身や、上開きの柱頭の輪郭など、ギリシア・ローマのコリント式[8]の柱に似たところもあるが、全体の比例はやはり異なる。この柱をみると、東洋と西洋の間には、そのどちらにも属さない独自の文化圏が横たわっていることがわかる。また天井の幾何文様もイスラムの特色をよく示している。

1　Chihil Sutun, Isphahan　1647
2　Ali Qapu　前項参照
3　Abbas Ⅱ（在位1642―'67）
4　Talar
5　しかし実際には40本はない。
6　この溝彫りは鏡の破片のモザイクを嵌めこむためのものだったかもしれない。

7　Stalactite　垂れさがった鍾乳石に似ているのでこうよぶ。アーチを反復して組み合わせた持ち送り（41注３）の形からきた装飾モチーフ。

8　52，73参照

46 メソポタミアの土の建築

イラク1

メソポタミアは世界で最も早く文化のひらけた地域の一つである。しかしエジプトのように立派な建築遺物は遺っていない。それは、この地方では建築に石材を使わなかったからである。河原のあしや細い木材を用いたりすることもあったであろうが、建築材料の主体は土であった。土は水で練って壁をつくることもできる。しかし、これでは高く築くことができない。そこで土を型《かた》にはめて乾かし、固まってから積みあげる方法が工夫された。これが日乾《ひぼ》し煉瓦である。つぎにこれを、土器をつくるのと同じように、火で焼き固める。これが焼成煉瓦で、一そう堅くなると同時に耐水性がえられた。

メソポタミアの人びとは、これらの土製品を用いて神殿や宮殿を築いた。上図は紀元前二千年ごろウル[1]に造られた神殿の例で、遺跡にもとづく復原図[2]である。長方形[3]の基壇を三段に築き、その上に平入りの祠堂を建てていた。基壇は日乾し煉瓦を積みあげたもので、表面を焼成煉瓦で蔽い、アスファルトでかためている。この種の高い基壇をもつ神殿はジッグラト[4]とよばれ、メソポタミアでは後の新バビロニア時代[5]までひろく行なわれた。信仰上は頂上の神祠が主体であるが、建築的には基壇が全体の大部分を占める。つまりこれは「塚」[6]の建築の一種である。

下図はウルクで発掘された紀元前三千年ごろの神域の土壁[7]の一部である。壁面は平らな部分と、巨大な円柱を隙間なくならべたような凸曲面の部分からなる。表面にジグザグ・三角形・菱形などの文様があるが、これは土製の鋲を埋めこんでつくったものである。すなわち直径二センチ、長さ六センチほどの切頭円錐形の素焼きの鋲で、焼き加減により黄・茶・黒など色合に相違ができるのを利用し、それらを巧みに配列して文様を構成している。技術的には素朴であるが、造形芸術としての建築がいかに古い歴史をもつかを具体的に示す作品である。

1　ウル第Ⅲ王朝（B. C. 2125—2025ごろ）
2　サー・L・ウーリーの復原による。
3　基底約63m×43m
4　Ziggurat
5　B. C. 625—538
6　3参照
7　エ・アンナの神域出土。東ベルリンのペルガモン博物館蔵

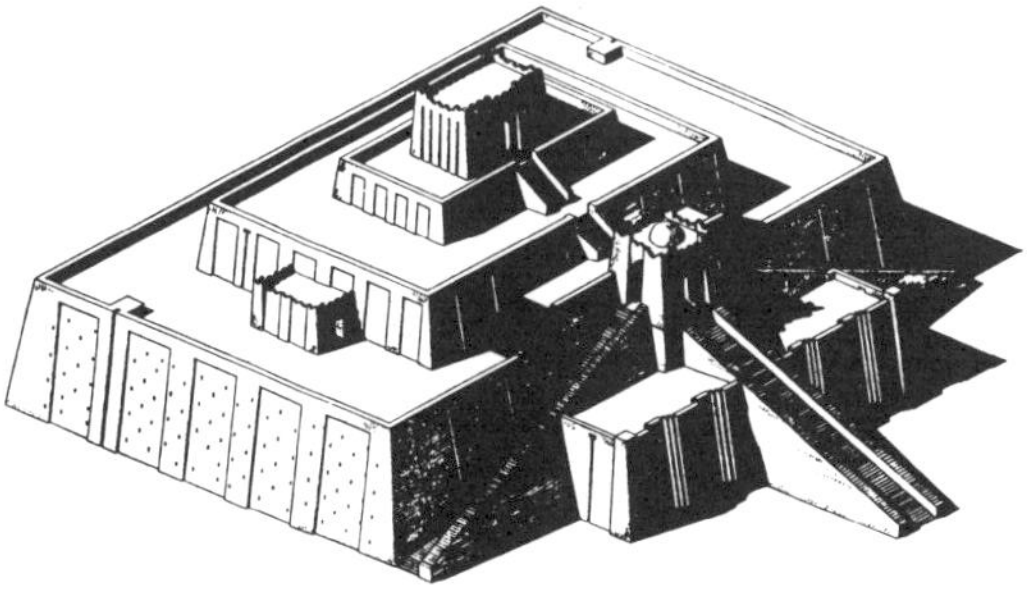

111——110

47 バビロンのイシュタール門

イラク2

バビロンは世界で最も古い都の一つである。紀元前一八〇〇年ごろ、古代バビロニアのハムラビ王の時代にメソポタミア全域を支配する大帝国の首都となって以来、前四世紀末にアレキサンダー大王がここで死亡するころまで、古代世界における文明の中心として栄えた。その遺跡はバグダッドの南方約九〇キロのところにあり、ユーフラテス河にまたがる広大な地域をしめる。現存の遺跡は前六世紀の新バビロニア時代[1]のものであるが、塁々たる煉瓦の堆積が見わたすかぎり散在するばかりで、昔の栄華をしのぶことは困難である。ただ遺跡の入口の近くにあるイシュタール門[2]の付近だけは、往時のバビロンの壮麗さを推察する拠りどころとなる。[3]

イシュタール門は、都の北の城壁の中ほどに開かれた門で、この門からメイン・ストリートである「行列道路」[4]が南に通じていた。現在の遺跡は、ネブカドネザール大王[5]が最初に築いたときの状態を、発掘によって露出させたものである。(図)[6] すべて垂直の平坦な赤煉瓦壁で構成されている。とくに注意をひくのは壁面の浮き彫りで、ライオン・牛・龍(一角獣)を何段にも繰り返して配列する。低い浮き彫りであるが、線は強く鋭く、抑揚も精確である。西方アジアの浮彫芸術のすぐれた伝統が、ここでも息づいている。しかしそれよりも驚くのは、このような彫刻の適用方法である。平坦な壁面が垂直に立っているところは近代建築そのままで、これはわれわれにとって少しも珍しくない。しかし平坦な壁面に、このように大胆に動物か何かの装飾をつけたビルがわれわれの周囲にあるだろうか? イシュタール門の場合は、これらの動物図像が宗教上必要だったという事情もあるであろう。しかしどうも、相違はそれだけではないようである。むしろこの門は、近代における造形の貧困さということを、ひしひしとわれわれに感じさせる。

1 前項注5
2 Ishtar Gate, Babylon
3 ただし現在，遺跡の入口に建っているイシュタール門の2分の1復原建築は，規模が小さいだけでなく，浮彫装飾なども拙劣で，見るにたえない。
4 新年の祭礼のとき，神輿の行列がこの道路からイシュタール門をぬけて北の旅所に向かったので，この名がある。
5 Nebuchadnezzar Ⅱ（在位B.C.605—561）

6　ネブカドネザールが増築したときの壁も同様の浮彫装飾があったが，それらは着色釉薬つきであった。その一部は東ベルリンのペルガモン博物館などにある。

48 クテシフォンのササン朝王宮

イラク3

ササン朝はペルシア人のつくった王朝で、ササン・ペルシア[1]ともいう。一時は、東はトルキスタンから西はシリアにいたる広い地域を支配し、東西文明の交流に寄与したことはよく知られている。

ササン時代の遺跡はイランにも何ヵ所かある。しかし最も大規模なのはイラクのクテシフォン[2]のもので、バグダッドの東南約三五キロのチグリス河東岸にある。現存の遺跡は六世紀にコスロエス一世[3]が造営した王宮という。しかし遺っているのは前面部のごく一部である。(上図) 全煉瓦造で東面し、中央部には大きなイワン[4]を開き、左右に高い壁を築く。ただし右手の壁は今では失われ、左手の壁も倒壊を防ぐためコンクリート造の擁壁でささえている。壁には奥の諸室に通ずるアーチの入口があり、その上部はローマ風の付柱《つけばしら》[5]や水平帯で区切り、四階建ての形を表わしている。

しかし最も印象的なのはイワンで、前面を開放した縦長のホールの上に巨大な放物線状ヴォールト[6]をかける。(下図) 放物線状のアーチやヴォールトやドームは、アッシリアの浮き彫りにも現代のシリアの農家にもみられる。放物線アーチは半円アーチよりも力学上合理的[7]で、西方アジアの人びとは、この原理を経験的に知っていたのであろう。しかもこの宮殿では、煉瓦造の場合の施工法がよくわかる。すなわち、下から三分の二ほどまでは煉瓦を水平に少しずつ内側へ迫《せ》り出しながら積み、上方の曲率の大きい部分だけを放射状にする。しかも放射状の部分の煉瓦は背後の壁の方へ倒して積まれている。これは仮枠を用いないで、後方から順次施工していったことを示す。

一般にイスラム時代以後の中近東の建築は、細部が複雑精巧である反面、規模は比較的小さい。それらとは対照的に、このクテシフォンの宮殿は、古代ローマ建築に匹敵する圧倒的な量感をもって人に迫るものがある。

1 Sasan Persia, A. D. 226—651
2 Ctesiphon
3 Chosroes I (在位531—579) ただし3世紀あるいは4世紀のものとする説もある。
4 間口25.3m, 奥行48.8m, 高さ36.6m(すべて内法)。なおイワンについては44参照
5 88注4

6　29注 6
7　アーチに圧縮力だけが生じ，曲げる力が生じないようにするためには，水平方向の単位長さについて均等な荷重がかかる場合はアーチの形を放物線状とし，部材方向の単位長さについて均等な荷重がかかる場合はカテナリー（懸垂線）状にすればよい。形は両者類似する。

49 サマラの螺旋状ミナレット

イラク4

サマラ[1]はバグダッドの北約九五キロのところにあるチグリス河東岸の小さな町であるが、その周辺には初期イスラム時代の広大な遺跡がひろがっている。これはアッバース朝のカリフが、都を一時[2]バグダッドからここに移したからである。その時代の建造物のほとんどは廃墟となっているが、そのうち地上に最もよく当初の状況を伝えているのはアル・ムタワッキル[3]の造営した大モスクである。大モスクの主要部は現在、城壁のような周囲の壁を遺すにすぎないが、その規模は世界のモスク中最大である。[4]

有名な螺旋状ミナレット[5]は、この大モスクの中心線上、すぐ北に付属する。(図) 高さは約五四メートルであるが、平野のただ中に立っているのと、上すぼまりの安定荘重な姿のため、著しく高大にみえる。全煉瓦造で、内部も塡《つ》まっている。四角い基壇の側面にみえる尖頭アーチ形の戸口のようなものは単なる凹みである。要するにこの塔[6]は、煉瓦の一大堆積物であって、土を盛りあげた塚の直系の建築である。したがって内部に階段をつけるわけにはゆかないから、外部から登ることになる。その場合、ペルセポリスの宮殿[7]の基壇のように、壁面に沿って階段をつけるのが構造上安全であり、工事も容易である。円形プランの塔にこの種の階段を巻きつければ、当然の結果としてこのミナレットのような形となる。螺旋状階段をもつミナレットは他にも二、三の例[8]があるが、後世のミナレットはすべて内部に階段を設けるようになる。

なおサマラの螺旋状ミナレットは、コルサバッドやバビロンのジッグラト[9]を模倣したものだとよく言われる。ジッグラトのうちには、このように螺旋状の外部階段をもつものもあったであろう。しかしそれを直接模倣したと考える必要はない。なぜならジッグラトもこのミナレットも、土の文化圏で発達した塚の建築の一類型にすぎず、両者が共通の建築原理にもとづいて造られたのは、むしろ当然のことだからである。

1 Samarra
2 836年から892年まで。
3 Al-Mutawakkil　アッバース朝第10代のカリフ（在位847—861）
4 東西156m，南北240m。
5 38注4　852年竣工。
6 3参照
7 42下図参照

8　63参照
9　46参照

50 ペトラのファラオの宝庫

ヨルダン1

ペトラ[1]とは「岩」という意味である。その名のとおり、ペトラの町は巨大な岩山のなかの窪《くぼ》地につくられている。町に達するためには、シック[2]とよぶ岩の裂目の細い道を通らねばならない。この町は、エジプトとメソポタミアを結ぶ隊商路と、シリアとアラビアを結ぶ隊商路との交叉点にあたるため、古くから知られていたが、前四世紀の終りごろアラビア人の一族ナバテア人が国を建て、ここを都としてから、独自の文化を発展させた。しかし紀元後一〇六年、トラヤヌス帝の征服によってローマの植民都市となり、その後も数世紀の間繁栄を続けた。

ペトラで最も印象的なのは、赤い岩壁に塁々と折り重なるようにして掘鑿された無数の墓である。そのうちにはナバテア王国独特のものもあり、それらはエジプト・メソポタミア・ギリシアなどの諸要素を自己流に組み合わせた地方色を示す。しかし大規模な例はローマ式のものに多い。うちでも最もよく保存されているのは「ファラオの宝庫[3]」とよばれる墓で、外来者が細いシックを通りぬけた瞬間、眼前にドラマチックに立ち現われる。(図)

全高三九・四メートルあり、一階は玄関ホールから放射状に三つの室が掘られているが、二階は外観だけのものである。しかもこの墓のファサード[4]はローマ建築の特色をよく表わしている。溝彫りのないコリント式円柱[5]、凹みに配置された動きのある彫像、華やかな各部の装飾などはそれである。しかしとくに注目したいのは上層のデザインで、三角破風の中ほどを切り去り、そのあとの真中に、凹曲線の屋根をもつ円形神殿のような小屋を据えている。これはポンペイの壁画などにみられるローマ建築とそっくりである。ギリシア建築の厳格端正な形が、ヘレニズム時代[6]からローマ時代へと、新味と刺戟をもとめて次第に変化してゆき、ついに到達した状態がこれである。その意味でこのファサードは、古典建築におけるバロック様式[7]の典型的作品といえる。

1　Petra
2　Siq
3　El Khasneh Fara'un　ファラオはエジプト王の称号。建設年代については紀元前1世紀の初めから後2世紀末までの諸説がある。
4　Façade　普通建物の「正面」もしくは「前面」を意味するが，側面・背面について用いる場合もある。
5　52，73参照

6　アレキサンダー大王以後，ギリシア風文明が中近東で栄えた時代（B．C．336—B．C．30）。

7　83，86，97参照

51 ジェラシュの楕円形広場　ヨルダン2

ジェラシュ[1]は首都アンマンの北約五〇キロ、シリアとの国境に近いところにある。ここには古くから町があったが、現存の遺跡は大体において紀元後一、二世紀のものである。ジェラシュがペトラ[2]やパルミラ[3]と同じローマ時代の都市でありながら、それらと違うところは、ペトラやパルミラがそれぞれ何らかの地方色を示しているのに対し、ジェラシュはほとんど完全にローマの植民地都市として統一的に計画されている点である。

すなわち、町の中央を広いメイン・ストリートが南北[4]に通じ、それと直角に二本の東西方向の道路[5]が交叉する。道路にはすべて石を敷きつめ、両側に円柱をならべ、二つの主要交叉点にはテトラピュロン[6]を建てる。壮大なアルテミス神殿の門も、豪華な泉水壁《ニュムフェアム》も、メイン・ストリートに面してつくられ、都市の一部として緊密に結合している。道路の下には下水道が通じ、マンホールには円い石の蓋《ふた》がしてある。

このメイン・ストリートの南端にあるのが楕円形広場である。(上図) 図の左上が北で、広場は南北にやや長く、北端から左方に連なっているのがメイン・ストリートの列柱である。全部石敷きで、周囲に列柱をめぐらす。列柱はイオニア式[7]で、柱身はやや太くて溝彫りがなく、柱頭の渦巻き飾りは扁平である。(下図) これらの特色は全くローマ風である。一部に遺っている白い漆喰は当初の仕上げを示す。なお現存の水平材の上には彫刻帯《フリーズ》と軒蛇腹《コーニス》が積まれていたはずである。この列柱は要するに広場の周囲を区切る柵《さく》であるが、ローマ人はそれに、このように壮麗な形態を与えた。都市全体を一つの人工的な構築物あるいは造形作品と考えていた彼らの態度が、ここにも明瞭にあらわれている。ローマ人にとって広場とは単なる空地ではなかった。人間の意欲によって積極的に構築された空間でなければならなかった。これは日本や中世ヨーロッパの自然発生的な都市の場合と著しく違う点である。

1　Jerash あるいは Gerasa
2　前項参照
3　53, 54参照
4　ローマではこの種の道路をカルド・マキシムス Cardo Maximus とよんだ。
5　ローマではこの種の道路をデクマヌス Decumanus とよんだ。
6　Tetrapylon　四方から出入りできる門。
7　70参照

52　バールベクの大神殿　レバノン

　バールベク[1]はベイルートからレバノン山脈を越えて少し東北へ行ったところにある。距離的には九〇キロほどしか離れていないが、風土的にはもはや地中海岸ではなく、むしろシリアの一部で、乾燥した草原にベドゥウィン族の黒いテントが点在する地域である。バールベクはもともとセム族[2]の太陽神バールの信仰の中心であったが、ヘレニズム[3]時代にギリシア人のゼウス信仰と結びつき、さらにローマ時代の紀元後一世紀から三世紀にかけて、現在の大神殿が造営された。

　バールベクには見るべきものが少なくないが、やはり目を見はらせるのはこの大神殿である。全長三三〇メートルの東西に長い配置をとり、東から門・六角中庭・大中庭・大神殿と続く。これらの建物はすべてが巨大な石造基壇の上に建てられており、大神殿の部分はとくに高く、地表から床面《ゆか》まで約一二メートルある。(図)　ギリシア人は神殿を小高い丘の上に建てることが多かったが、ローマ人は丘のかわりに基壇を築いて神殿を建てているのである。

　大神殿は切妻造り、妻入り[4]で、全周に列柱をめぐらしていた。周囲の列柱のうち南側の六本は今も立っている。写真の右端の人物と比較してもわかるように、その大きさは途方もないもので、床面から水平材《エンタブラチュアー》の上面まで二三・八メートルある。直径二・一メートルの溝彫りのない円柱を立て、上には賑やかなアカントス[5]の葉で飾ったコリント式[6]の柱頭を置き、それらの頂部に高さ約四メートルの水平材が載る。手前の地面にころがっているのは、この水平材の上部の約三分の一に相当する軒蛇腹《コーニス》の部分である。根元《ねもと》の部分の歯形飾り、水平に張り出した部分のS字形の持ち送り、軒先の卍《まんじ》文様、またその上には雨水を吐きだすライオンの頭がみえる。密度の高い豪華な装飾で、すべてこの地方産の石灰岩の単一ブロックから彫り出している。細部は複雑であるが、決して力強さを失ってはいない。帝政初期のローマ芸術の良さを充分に発揮した大作である。

1　Baalbek あるいは Heliopolis
2　ユダヤ人やアラビア人などの属する人種。
3　50注6
4　4注1
5　Acanthus　葉アザミ属の植物。ただし装飾彫刻に用いられたものは，実物に似ている場合も，似ていない場合もある。
6　Corinthian Order

123——122

53 パルミラのテトラピュロン

シリア1

パルミラ[1]という地名はラテン語のパルマ（椰子《やし》）からきていて、椰子の茂るオアシス都市を意味する。ダマスカスから東北へ約二四〇キロ、シリア砂漠のただ中の孤島のように、今もここだけは緑の椰子の林が茂っている。メソポタミアからユーフラテス河をさかのぼって地中海に出る隊商路上にあり、古くから重要な通商都市であったが、紀元後一世紀から三世紀までがこの町の全盛期であった。この間、名目上はローマの属領であったけれども、実質的にはひとつの独立国としての勢力を保ち、一時はシリア・パレスチナ全土を支配した。しかしその繁栄も、ゼノビア女王[2]の時代までであった。

パルミラが独自の文化をもっていたことは、その文字や宗教図像や墓の形式などによって明らかである。しかし都市の構成は全くローマ風であった。[3]ヨーロッパではローマ時代の都市の状況をそのまま伝えているところがあまりないのに、ここではそれがほとんど原状のまま遺っている点が貴重である。

パルミラの町は、西北から東南へかけて走るメイン・ストリート[4]を主軸として計画されている。劇場やアゴラ[5]や小路は、すべてこの主軸と緊密に結合している。メイン・ストリートは中途で少し折れていて、その屈折点に建つのがテトラピュロン[6]である。（上図）これが町全体の中心であり、核である。四本ずつ一組になった円柱が、それぞれ基台の上に立って水平材を受け、内部に彫像を置いた台を遺す。円柱は花崗岩の一本石で、柱頭はコリント式[7]である。下図はテトラピュロンから東南をみたところで、メイン・ストリートの左右に巨大な列柱が続き、その両側に歩道があるのもわかる。突きあたりにみえるのが有名な三連アーチの門で、これが街路の東南端を区切る。この門の外には、ベルの神殿[8]へ向かう別の列柱路が続く。都市をひとつの建築物と考え、それを壮大な規模で実現した古代人の意志のたくましさが、これらの列柱やアーチやテトラピュロンに如実にあらわれているように思う。

1　Palmyra　古名 Tadmor
2　Zenobia（在位A. D. 263—273）
3　紀元後2～3世紀につくられた。
4　51注4
5　Agora　ギリシア語で公共広場。ほぼローマのフォルム（75注2）にあたる。
6　51注6

7　前項参照
8　次項参照

54 パルミラのベルの神殿　シリア2

ベルの神殿は、前項でのべたパルミラの東南の町はずれにある。三連アーチの門は三角形のプランをもち、列柱路はそこで向きを変えて神域に達するようになっていた。現存の神殿は碑文によると、紀元後三二年にパルミラの地方神であるベル、イアルヒボル、アグリボルの三神[1]に捧げられたものである。

この神殿は、全般的にいえばローマ風である。しかし他のギリシア・ローマ式神殿と違うところは平《ひら》入《い》り[2]であることと、左右非対称であることである。平入りであるのは、ケッラ[3]の両端にタラモス[4]を設けるためだったと解されなくもない。それにしても入口が平側《ひらがわ》の中央になく、右よりにあるのは異常である。これは、ケッラの壁に窓がある点と同様、なにかこの地方独特の宗教儀礼上の必要からきたのかもしれない。上図は神殿の側面と背面をみたもので、周囲にはコリント式[5]の列柱をめぐらし、ケッラの妻壁には二本のイオニア式[6]半円柱をつける。円柱にはすべて溝彫りを施し、ギリシア風な調子が強い。周囲の列柱の柱頭が円錐形なのは、もとこの上に青銅製の彫刻が被《かぶ》せてあったからである。またその水平材の上には凸字形のギザギザのついた屋根飾りがみえるが、これは城壁の胸壁[7]からきたモチーフで、西方アジア起源のものである。

この神殿は一辺約一七〇メートルの正方形の中庭のほぼ中央に西面し、中庭の周囲には回廊をめぐらす。回廊の外側は高い壁で、西側中央には門を開いていた。下図は回廊の西南の角《かど》から東方を見たもので、左端が中庭、右端が周壁の一部である。右よりに立っているのが回廊の中央を通る列柱で、コリント式円柱の上にさらに短い柱が立っているが、おそらくこの上に木造の棟木が載り、右方の壁と左方の列柱へ斜めに合掌《がっしょう》[8]をわたし、屋根を葺いていたと思われる。このように外側を壁、内側を吹き放しにした回廊で中庭を取り囲むのは、日本の法隆寺などと同じ方式である。ただスケールが桁はずれに違うだけである。

1　Bel, Iarhibol, Aglibol
2　7注1
3　Cella　壁でかこまれた神殿の主要部。母屋，内陣。
4　Thalamos　神体を安置するための押し入れのような部分。
5　52，73参照
6　51，70参照
7　胸壁　武士が身体をかくして弓を射ることのできるようにした凸字形の壁。

127——126

8　合掌　屋根面を支える斜めの構造材。

55 カラート・セマーンの修道院

シリア3

シリアでは、七世紀にイスラム教がひろがるまではキリスト教が行なわれ、北シリアはその一つの中心地であった。カラート・セマーン[1]はアレッポの西北約六〇キロ、トルコとの国境に近いところにある。五世紀の末ごろ「柱上の聖者シメオン[2]」を記念して造られた修道院である。シメオンは高い柱の上に立って二〇年間も苦行を続け、柱上から説教をしたというので、シリアのキリスト教徒の間で篤く信仰された聖者である。

この修道院は小高い岩山の上にあり、教会堂・僧房・洗礼堂・客館などからなっていた。教会堂のプランは、東西を主軸とする十字形をなす。主軸の西端にも玄関があるが、そこは断崖にのぞんでいるので、実際には南翼の玄関から出入りする。主軸の東端には三つのアプス[3]が突出する。十文字の交叉点は直径三〇メートルの八角形になっていて、中央に聖シメオンのいた柱の根元《ねもと》と称する石がある。この部分は、屋根のない中庭であったという説もあるが、周囲の構造からみて、おそらく木造屋根で蔽われていたと思われる。(下図) このような大空間を中心として、四方に放射状に展開する構成は、ビザンチン建築の基本方針である。

建築細部もユニークである。アーチが比較的大きく、それを受ける柱は小さい。各部の装飾彫刻は、ギリシア・ローマ建築からきたものであることは明らかであるが、要所に集中的に用い、しかも精巧緻密である。(上図) 起伏は少ないが、彫りは鋭く、葉の先はアザミのように尖る。葉が風になびくコリント式柱頭も美事である。しかし最も特色があるのは窓の周囲の繰型で、アーチの輪郭に沿って下に延びた繰型が、Uターンして隣の窓の繰型に続く。(上図の中央部) そして繰型の末端は外側へ渦巻状に巻いてある。この種の扱いは他に類例をみない。シリア建築の顕著な地方色である。しかし全体として、ハギア・ソフィア[4]などに先行する初期ビザンチン建築の貴重な実例である。

1 Qalaat Semaan A.D.470ごろ
2 St.Simeon Stylites (A.D.390ごろ—459)
3 77参照
4 57参照

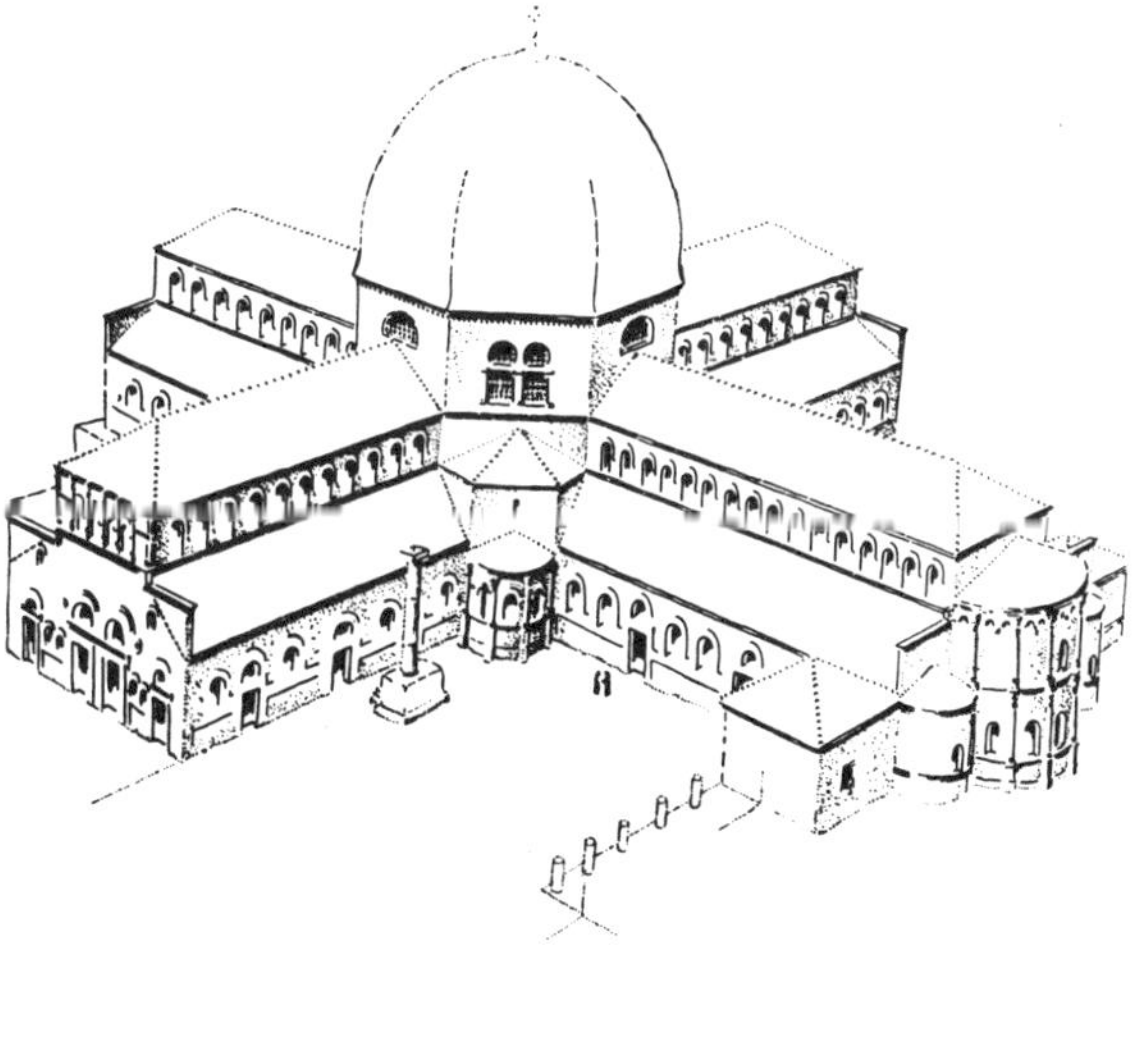

上図　南の玄関の入口の上のアーチと，南翼の妻壁の一部を示す。
下図　D.クレンカーの復原図。右上が北。

56 リキアのパヤヴァの墓　トルコ1

リキア[1]は小アジア（現在のトルコ）の西南岸にあった小さな国で、クサントス、ミラなどを中心に、前六世紀から前四世紀ごろの文化遺物をのこしている。それらは、山の多い地形のせいで強い地方色をあらわしている反面、海上交通によるギリシア文化の流入を明白に示している。遺物の主なものは各種の石造墓で、地上に立つ墓もあり、岩窟墓もある。それらの墓についてここで特に注目したいのは、土着の木造建築からきたと思われる形態をもつものが多いことである。図に示したのは、チャールズ・フェロウズ[2]によってクサントスのアクロポリス[3]から大英博物館に移された墓のひとつで、補修を加えて復原されている。銘文により、リキアの官吏パヤヴァ[4]によって造られたことがわかり、前四世紀半ばのものとされる。

二重の基壇をもち、上の基壇には軍人や戦闘を主題にしたギリシア風の浮き彫りと銘文を刻む。特色があるのはそれより上の部分で、起《むく》り[5]屋根の切妻造りの木造家屋の形をあらわす。土台を井桁《いげた》に組み、隅で突出させ、とくに梁行方向の土台は先端で太くし、上方から斜めに切断している。桁行方向の土台、同じ方向の壁の中ほどの水平材、および軒桁《のきげた》[6]の上に、それぞれ角材の頭を突出させているのは梁をあらわすものであろう。妻壁は間柱《まばしら》で二分し、おのおの額縁《がくぶち》をまわす。屋根の妻も束《つか》と小梁で区画し、各パネルに浮き彫りを施す。破風《はふ》の内側には平たい断面をもつ母屋桁《もやげた》[7]を突出させ、その上に凸曲線状の屋根を葺く。屋頂には棟を高く盛り上げ、屋根面にはライオンの頭その他の彫刻を一面に施している。

このリキアの墓のように強い起りをもつ切妻屋根は世界にも類例が少ない。ただ南インドによく似た例[8]を見出すことができる。また梁行土台の突端の形も珍しいが、これは中世以後の日本や中国の木造建築の木鼻《きばな》[9]と同性質のものである。リキアとインドや中国との間の直接の交渉は到底考えられないから、なおさらこの類似は興味深い。

1　Lycia
2　Sir Charles Fellows（1799—1860）　1842, '44両年に大量のリキアの遺物を大英博物館に移した。
3　Acropolis　ギリシア語で「高い町」という意味で，ギリシア時代の都市の一部で聖域のある丘などをさす場合が多い。
4　Payava
5　10参照

6　9注6
7　5注7
8　36、37参照
9　木鼻　唐様（9注2）・天竺様（9注3）の建築の頭貫（9注5）などの突端に装飾彫刻を施したもの。

57　イスタンブールのハギア・ソフィア　トルコ2

イスタンブールは、一五世紀にトルコに支配されるようになるまで[1]、永いあいだ東ローマ帝国の都であった。東ローマはギリシア正教を国教としたから、イスタンブールにはその時代のキリスト教建築が沢山のこっている。これらの建築は、西方のローマを中心とするローマン・カトリック圏の建築とは性質がかなり違うので、とくにビザンチン[2]建築とよんでいる。

イスタンブールのビザンチン建築を代表するのはハギア・ソフィア寺院[3]である。この寺院は東ローマ帝国が最も栄えた六世紀のユスチニアヌス帝[4]のとき建てられた。黄金の角《ゴールデン・ホーン》の先端部にあり、付近はかつて皇帝の宮殿や競馬場《ヒッポドローム》などのあった所である。現在、建物の四隅にミナレット[5]が立っているが、これはトルコ時代にイスラム教のモスクに転用されて以後のものである。また壁面に黄色い塗料を塗っているので、外観はひどく醜くなっている。素晴らしいのは内部空間である。中央に直径三三メートルの大ドームがかかり、その下縁を四つの大アーチで支える。（上図）　前後の大アーチからは、それぞれ半ドームが前後に突出し、その半ドームの下縁をさらに三つの小アーチと半ドームで受ける。（下図）　左右の大アーチの下は採光窓と二階造りの脇座席になっている。床《ゆか》面から中央ドームの頂点までは約五五メートルある。中央を高く、周囲に向かって対称的に低くしてゆくことにより、全体として泡のように大きく膨らんだ空間となっている。煉瓦造によって、このように雄大な空間を創造したことは驚くべきである。ただ現在では、大ドームにアラビア文字を書いたり、壁に黒い円板をかけたりしているが、すべてイスラム時代のものである。これらの拙い塗装の下には創建当初の色鮮やかな陶製モザイク装飾[6]がかくされている。また脇座席との境に立つ列柱の柱頭や、その上のアーチに施された繊細な装飾彫刻も、ビザンチン美術の特色を遺憾なく発揮したものである。

1　1453年
2　Byzantine　イスタンブールはギリシア時代にはビザンチオンとよばれ，東ローマ時代にはコンスタンチノポリスとよばれた。
3　Hagia Sophia, Istanbul　A. D. 537
4　Justinianus（在位527-565）
5　**38**注 4
6　モザイク装飾　壁面や床面に，大理石あるいは陶器の小片を埋めこみ，文様

133——132

や図像をあらわしたもの。

58　イスタンブールのアーメディエ

トルコ3

アーメディエ[1]は前項のハギア・ソフィアと広場をへだてて隣り合っている。一七世紀のはじめ、スルタン・アーメット一世によって建てられたイスラム教寺院である。イスタンブールにある無数のモスクのうちでは、最古でも最大でもないが、その整然たる構成と、洗練された手法と、また周囲の環境のよさの点からして、ぜひ一見の価値がある。

　東西に長い配置をもち、西面の門の内には回廊で囲まれた中庭があり、その奥に本堂が建つ。(上図)門から本堂の東端まで約一〇〇メートルある。壁も屋根もすべて灰白色の石材で造られ、その表面はコンクリートのように硬く平滑である。外観で特に目立つのは、前面回廊の両端と本堂の四隅に立つ合計六本のミナレット[2]である。円形プランで三段の節と尖った円錐屋根をもち、さながら発射台に立ちならんだ宇宙ロケットのようである。

　本堂は正方形プランで、ほとんど四方対称の構成をとる。すなわち、前項で述べたハギア・ソフィアでは、二段の半ドームを用いて内部空間を前後二方向に展開していたが、ここでは同じ方法で前後左右の四方向に展開し、さらにその四隅にも小ドームを配置している。これは、ハギア・ソフィアの構造法を学び、それを一そう発展させ、整理したものといえる。このような架構のシステムは外観にもよく現われており、周辺から中央へと次第に盛り上がる丘のように荘重な印象を与える。

　内部も同様で、四方対称の整然たる空間効果を示す。(下図)　特色があるのは、四つの大アーチをうける四本の太い円柱で、直径五メートル、表面にごま殻抉《がらじゃく》り[3]を施す。またドームやアーチの内面から壁・柱にいたるまで、一面にアラベスク[4]などの彩色文様を描く。このモスクが「ブルー・モスク」とよばれるのは、この彩色が青を主調としているためである。その結果、ハギア・ソフィアでは目障りであったイスラム風装飾が、ここではまとまった独自の雰囲気を形成している。

1　Ahmediye　精確にはスルタン・アーメット・ジャーミ Sultan Ahmet Cami, 1617。設計者メーメット・アーガ Mehmet Aga。

2　38注4

3　ごま殻抉り　ギリシア式の溝彫り（フルーティング，69，70，73参照）とは逆に，円柱の表面を細い円柱の束のような凸曲面の連続した形に仕上げたもの。

4　44注6

上図　北からみた外観
下図　東側のミーラブ（44参照）付近をみたもので，上方に大ドームの下縁が少しみえる。下方の白いものは灯明を吊る枠。

59 ギゼーのピラミッド

エジプト1

カイロ郊外のギゼーには、有名な三つのピラミッドがある。いずれも古王国第四王朝[1]の王の墓で、石灰岩を正四角錐形に積み上げたものである。このようなピラミッドの形がどんな過程を経て完成したか、ということについてはいろいろな説がある。しかしその過程はともかく、本質から考えて、土を盛り上げて墓をつくる「塚[2]」の考え方を基礎とするものであることは疑いない。古代エジプト人はこの「塚」を、より頑丈に、より立派に、より美しくするために努力を続けた。その結果到達したのがこの正四角錐形なのである。したがってこの形は、もはや単に土や石を盛り上げた結果自然に出来あがったものではない。そこには明らかに造形的な意欲の発動が認められる。

そのような造形意欲の働きを最も確実に証明するのはピラミッドの表面の工作である。上図は第二ピラミッド[3]の上部を示したもので、頂上部分に三角帽子をかぶせたようであるが、この部分が建設当初の表面の石をそのまま遺しているのである。他の部分は直方体の石を段型に積んでいるのに、この部分の表面はピラミッド全体の斜面に合わせて滑らかに切ってある。現状ではこの部分もかなり傷んでいるが、もとは頂上から基底まで真《ま》っ平らな斜面であったことが推察できる。下図は第一ピラミッド[4]の基底部で、最下段に表面の石が遺っているところを示す。表面の石は他よりも白く、外側を斜面に合わせて台形に切り、外面はとくに丁寧に仕上げてある。第一ピラミッドも、もとは全表面をこのような石で蔽われていたはずである。

現在ギゼーのピラミッドは、どれも荒々しい段々型の形骸をさらしているが、もとは白く滑らかな表面と鋭い稜線をもつ巨大な正四角錐であった。それらが強烈な日光に輝く有様は、現状の何倍も素晴らしかったに相違ない。それはもはや単なる石の堆積ではなく、明確な造形的意図をもって造られた芸術作品であった。

1 B.C.2650—2500ごろ
2 3参照
3 二番目に大きいピラミッドでケフレン王の墓。基底の一辺216m，もとの高さ144m。
4 最も大きいピラミッドでケオプス王の墓。基底の一辺230m，もとの高さ146m。

137——136

60 デル・エル・バーリの遺跡

エジプト2

古代エジプトの遺跡のうち、最も劇的な印象を与えるのはデル・エル・バーリ[1]の遺跡である。それはナイル河流域の平地と、砂漠の縁端をなす丘陵との境の断崖を利用してつくられている。

この遺跡は二つの部分からなっている。南の部分（上図では左方、下図では上方）は中王国のメントゥホテップ二世[2]の墓である。この墓の特色は岩窟神殿とピラミッドを組み合わせた形式をもつ点である。内陣は岩壁の洞窟内にあり、その前の中庭は岩壁の裾《すそ》を切り開いて造られている。その前方やや離れて、高い基壇の上に小型のピラミッドを築く。そしてピラミッドの下部には二段の列柱廊をめぐらしていた。ピラミッドの根元《ねもと》と列柱の基部は、今も見ることができる。（下図）これより五百年前の古王国で壮大の極に達したピラミッドが、ここでは小さく退化し、墓地の標識となってしまっている点は興味深い。

北の部分は前者の約五百年後に、新王国のハトシェプスート女王[3]によって造られた神殿である。この神殿も内陣は洞窟内にあり、中庭は岩壁を切り開いて造られている。しかし最も特徴があるのは前庭の列柱廊である。（上図）すなわち、中庭の前方に広い前庭を二つ造ったのであるが、地形が前さがりになっているので、境目ごとに段差ができた。この段差の部分を利用して列柱廊としたものである。上図で三層にみえている列柱のうち、下の二層はそのような段差の列柱廊であり、上層のものは復原工事中の中庭の回廊の列柱である。これらの柱廊の前面の柱はすべて正方形断面の角柱である。この柱の垂直線の列と、その上の梁の長い水平線とが明快な幾何学的構成を示している。背後には赤味をおびた岩壁が屹立《きつりつ》し、上方の空は黒ずんでみえるほど青い。これらのつくりだす鮮烈なコントラストは、見る者を強く感動させずにはおかない。ただひとつ残念なのは、列柱廊の色が中央の傾斜路を境にして左右異なる点で、これは復原工事の失敗であろうか。

1 Deir el Bahari　ルクソールの対岸すなわちナイル河の西岸にある。
2 Menthuhotep Ⅱ　第11王朝（B.C.2134—1991）の王。
3 Hatshepsut　第18王朝（B.C.1570—1314）の女王。

61 コンスの神殿の二つのパイロン

パイロン[1]とは門のことで、古代エジプトでは神殿にも住宅にもつくられた。しかし現存しているのは、ほとんど神殿付属のものである。現存の神殿のパイロンで最大のものは、カルナックのアモンの大神殿[2]の西面第一パイロンである。しかしここでは、その大神殿の境内の西南隅にあるコンスの神殿[3]の二つのパイロンを取りあげることにした。

コンスの神殿はラメゼス三世[4]のとき建てられたもので、小規模ではあるが、最もよく原型を保っている神殿のひとつである。上図はその神殿の玄関にあたるパイロンである。内部には階段と通路があるだけで室はなく、パイロンとは要するに石積みの厚い壁である。壁面はすべて内側に向かって傾斜しており、ピラミッドと同様の安定荘重な印象を与える。前面にある四本の垂直の溝は旗棹を立てるためのものである。壁面の輪郭をとる丸棒形の繰型《くりかた》[5]と、軒下の凹曲線の繰型は、エジプト特有の細部形式で、中央出入口の上にも用いられている。

エジプト3

下図はコンスの神殿の前の土塀に開かれたパイロンで、プトレミー時代[6]につくられた。したがって前者より千年近く時代の下るものである。大体の形式や細部は前者と同じであるが、間口の狭いわりに高さの高い点が目立つ。彫刻された図像や文字も、古い時代のものにくらべて精巧ではあるが、機械的である。

古代エジプト文化は、中国文化と同じく固執性が強く、数千年の歴史を通じて本質的変化は起こらなかった。しかし細かく観察すると、やはり変化が認められる。このパイロンのプロポーションの変化もその一例である。低くて安定した形から、高くて急峻な形へ変化する傾向は、ピラミッドにもみられる。また同じことは、日本の木造多層塔や韓国の石造多層塔[7]、あるいはギリシア・ローマの神殿建築[8]についてもいえる。このような変化過程は、世界の建築史上のひとつの公式ともいうべきものであろう。

1 Pylon　ギリシア語のピュローン πυλών からきた言葉で，門や玄関を意味する。
2 次項注3
3 Temple of Khonsu, Karnak
4 RamesesⅢ　新王国第20王朝の王（在位B.C.1188—1156ごろ）
5 18注8
6 Ptolemy Dynasty（B.C.305—B.C.30）

7　17参照
8　88参照

62　エジプト神殿の柱

エジプト４

古代エジプトの神殿は、一般に縦長の配置をもち、前面にパイロン[1]、つぎに中庭、その奥に礼拝用の広間、さらにその奥に神像を安置する内陣や付属室が続く。屋根はすべて水平で、板石をならべて梁で受け、その梁を円柱で支える。中庭の奥の広間には必ず柱が立っているので、ハイポスタイル・ホール[2]とよばれる。太い円柱が林立するハイポスタイル・ホールの内部の景観は、エジプト建築の最も大きな見どころの一つである。とくにカルナックのアモンの大神殿[3]のものは壮大無比である。

この種の広間で最も印象的なのは、柱の「太さ」である。しかしこの「太さ」の印象の強さは、決して直径が何メートルかという寸法上の大きさには比例しない。柱の「太さ」を最も強く感じさせるのは、上記のアモンの神殿のような大神殿ではなく、むしろ小神殿の場合である。前項でのべたコンスの神殿や、あるいはラメゼス三世[4]の神殿の柱のほうが、はるかに感動的に「太さ」を印象づける。

ラメゼス三世の神殿は、アモンの大神殿の中庭に頭を突き出した子供のような神殿で、図はそのハイポスタイル・ホールを示す。柱は横方向に四本ずつ、二列に並んでいるにすぎないが、その丸味のある輪郭、ずんぐりした比例、柱同士の間隔の狭さ、上にかかる梁の厚み、それらのものすべてが柱の重量感・塊量感を強めている。この太さは、上からかかる目方に対して力学上幾らの寸法が必要かということとは関係がない。これらの柱は、もはや「太い」というよりも、「ずぶとい」とか「ふてぶてしい」と言ったほうが適切である。われわれの周囲のコンクリート造建築でも、直径一メートルぐらいの「太い」柱はいくらもある。しかしこのように「ずぶとい」柱に出会うことは決してない。エジプト神殿の内部空間は、このように「ずぶとい」柱が、碁盤に碁石をならべたようにぎっしりつまっているところに特色がある。そこでは空間よりも実体のほうが優勢である。

1　前項参照
2　Hypostyle Hall　柱のある広間という意味。
3　Great Temple of Ammon, Karnak　新王国第19王朝（B.C.1319—1200）のもので，ハイポスタイル・ホールの広さは103m×52m。なお西面第一パイロンは後のものであるが間口111m。
4　前項注４

63 カイロのイブン・トゥールーン・モスク　エジプト5

エジプトはマホメッド[1]の死後間もなくアラビア人によって征服され、イスラム教が急速にひろまった。カイロには無数のイスラム教寺院があり、そのうち最も古いのはオールド・カイロにあるアームル・モスク[2]である。このモスクは大規模ではあるが、概して質素で、転用材や補修のあとが目立つ。これに反し、アーメッド・イブン・トゥールーン[3]によって造られたイブン・トゥールーン・モスクは、よくまとまった大作で、エジプトにおける初期イスラム建築を代表するに足る。

モスクの建物は、正方形の中庭の南がわに広間を造り、他の三方に回廊をめぐらす。中庭の中心に泉屋を置き、広間の中央奥にはミーラブ[4]を設ける。このような配置は、どの地域のイスラム教寺院でも大体同じであるが、このモスクでは回廊の周囲にさらに周壁をめぐらしている。建物の主体は煉瓦造で、広間も回廊も長手方向にアーチを連ね、その上に木造の梁をかける。煉瓦の表面はすべて漆喰で平滑に仕上げているので、石造建築のように堂々としている。アーチは下部が少し内側に曲がった馬蹄形で、頂部はやや尖っており、すでにイスラム式の特徴をそなえている。(上図)　アーチの外縁や内面の装飾、柱の四隅の付柱《つけばしら》の柱頭などは、漆喰を彫刻したもので、精巧でしかも平面的なイスラム式特色を示す。(下図)　しかし各アーチの両肩とパラペット[5]につけられた花模様は、彫りも深く優雅で、この建物に華やかさと活気を与えている。(上図)

北回廊の外に建っているミナレットは、下部は方形、上部は螺旋形で、方形の部分は内部に、螺旋形の部分は外部に階段がある。このミナレットは一三世紀に改築されたといわれるが、創立時のものも螺旋形だったらしい。これは、創立者イブン・トゥールーンがもとサマラの住人であったから、サマラの螺旋形ミナレット[6]を模倣したものと考えられている。しかし他面では、そのころ螺旋形ミナレットが一部で行なわれていたことを物語っている。

1　Mahomed（A. D. 570—632）
2　Amr Mosque, Old Cairo　7世紀
3　Ahmed Ibn Tulun　もとバグダッドのアッバース王朝から派遣されたエジプト副総督であったが，独立して王朝をたてた。（在位868—884）
4　44参照
5　38注6
6　49参照

145——144

64 カイロのカイト・ベイ・モスク

エジプト6

カイロの東側の城壁の外には広大なカイト・ベイ墓地があり、そこには歴代のスルタンの廟をはじめ、一般イスラム教徒の墓が果てしもなく続いている。カイト・ベイ・モスクはそのなかのみすぼらしい部落の一隅にある。モスクといっても、本来はスルタン・カイト・ベイ[1]の墓廟であり、また同時にマドラサ[2]すなわち学校でもある。規模はさして大きくないけれども、質の高い建築で、主要部は広間と墓からなり、玄関やミナレットが付属する。すべて入念に施工された石造建築である。

スルタンの墓は南側の隅に突出しており、正方形プランで、高いドームをいただく。(図) 円いドームを据えるため、方形の周壁の上部を八角にすぼめている。四角から八角に移る部分は、外面では大柄の水平繰型[3]を重ね、内面はスタラクタイト・モチーフ[4]で埋める。八角の部分の上に、小窓と文字帯のある円筒形のドラムがすわり、その上にドームがのる。ドームの下部はドラムと同様垂直で、肩の部分で急激に曲がり、頂点付近で僅かに反転して尖り、三日月のついた頂上飾りに続く。このような輪郭線をもつドームは、同じ形のアーチとともにイスラム建築独自のもので、半球形を基礎とする西洋式のドーム[5]とは全く趣きを異にし、東洋的ムードをただよわせている。

三葉形の胸壁[6]や、紐をからませたような縁飾りの繰型もイスラム風であるが、最も特色があるのはドームの表面の装飾彫刻である。これは歴代スルタンの廟などエジプトのイスラム建築に多くみられる手法で、ここでは植物文と幾何文を浮き彫りしている。すなわち、繊細なアラベスク[7]を地にし、その上に折線で星形などをつくり、その折線もまた上下にからませている。ギリシア・ローマの連続唐草文からきたアラベスクの柔軟な曲線と、近世中国の装飾組子[8]のような幾何文の硬い直線とが巧妙に融合しており、全体の構図や線の動きも非凡である。エジプト・イスラム建築中の傑作のひとつといえよう。

1 Sultan Qait Bay　ブルジ・マムルク朝最盛期の支配者（在位1468—'96)。モスクは1474年竣工。
2 67参照
3 18注8
4 45注7
5 たとえば82参照
6 54注7

7　44注 6
8　24上図にみえるのはその例。

65　ラバートのハッサンの塔

モロッコ1

　ハッサンの塔[1]は、モロッコの首都ラバートのシンボルである。市の東部の小高い丘の上に、レグレグ河にのぞんで立つ。この塔は元来、スルタン・ヤクーブ・アル・マンスール[2]が一二世紀の終わりに造営したハッサン・モスクのミナレットである。そのモスクは、かれの死によって未完成のままに終わったけれども、もし完成すれば、サマラの大モスク[3]につぐ世界第二の規模のモスク[4]になるはずであった。現在、その跡は王国の式典場として立派に整備されている。

　塔はモスクの跡の北端にあり、一辺約一〇メートルの正方形プランをもち、上部は未完成であるが、現在地上約五一メートルある。(図)　暗赤色の石材で築かれ、北面は風化のせいか銀灰色を呈している。内部には回りながら昇る傾斜路《ランプ》がつく。外部の輪郭は単純荘重な正四角柱であるが、窓の周囲だけは独特の手法で装飾されている。装飾の配置は各面で多少異なるけれども、主な構成要素は多弁形アーチと網状アーチである。多弁形アーチは図にいくつもみられるように、円弧を連続反復したアーチで、内側が多弁の花の形をしている。この種のアーチはイスラム圏でひろく用いられると同時に、ヨーロッパのゴシック建築にも類似のものがある。[5]

　網状アーチは多弁形アーチの上方に続いているもので、連続した多弁形アーチを、水平に半分ずつずらして積みかさねてゆくことによってできる。塔の最上層ではその段数がとくに多いため、壁面が菱形の網で蔽われたようにみえる。これは北アフリカと南スペインのイスラム建築、すなわちムーリッシュ[6]建築独特のモチーフである。しかもこの塔の網状アーチは、大柄で種類も多く、発生の段階をよく示している。有名なセヴィリアのヒラルダの塔[7]も、この塔と同様正方形プランで、網状アーチで飾られているけれども、取り扱いは機械的で、この塔のような豪快さはない。その意味でこのハッサンの塔は、ムーリッシュ建築の原点を示す重要遺構である。

1　Tour Hassan, Rabat
2　Sultan Yaqub al-Mansour（在位1184—'99）
3　49参照
4　南北183m，東西139m。
5　たとえば80上図参照
6　Moorish　ムーア　Moor はアフリカ西北部のアラビア人混血種族。
7　Giralda, Sevilla　1195年の建築とされるが，様式上，ハッサンの塔よりかな

149——148

り時代が下るようである。

66　モロッコの城門

モロッコ2

イスラム圏では、昔ながらに城壁をめぐらした都市が多い。城壁には城門がある。モロッコの城門は形態に特徴があり、しかもデザインのすぐれた例が目立つ。ここではそのうち、初期に属するものと近世に属するものを各一例ずつあげることにする。

上図はマラケシュのバーブ・アーゲナウ[1]で、前項のハッサンの塔と同様、一二世紀末にヤクーブ・アル・マンスールが造ったといわれる。城壁は煉瓦造で、それにマラケシュ独特の赤い泥を塗っているが、門だけは淡青色の石を用いている。門の左右壁は僅かに突出するだけで、全体として低平な矩形状をなし、中央にただ一つのアーチを開く。アーチは三段に縁どり、それぞれ輪郭の形と装飾彫刻を変化させている。アーチの両肩の部分は太いアラベスク[2]で埋め、上と左右の縁には文字帯をめぐらし、最上層は網状アーチ[3]で飾る。どの部分も明確で力強い。青い石に赤い土埃が溜まり、不思議な色に染まっているが、それがかえってこの門の魅力を増している。なおルイス・サリヴァン[4]の設計したシカゴ万国博交通館の前面が、この門に似ているのも面白い。

下図はメクネスのバーブ・マンスール・アル・アリュージュ[5]である。一八世紀のはじめに造られたもので、煉瓦造タイル貼りである。アル・エディメ広場を前にして壮大な構えを示す。通路のアーチのある壁面の左右に四角い櫓《やぐら》を突出させ、さらにその左右に、円柱で支えられた四角い柱型《はしらがた》を突き出している。それらはすべて高さが一様であるため、全体として舞台装置のように、視線を左右から中央へと奥深く導くような効果をもつ。表面は色鮮やかな緑や紫のタイルで蔽い、精巧な網状アーチ・アラベスク・文字などをあらわす。左右端の大理石の円柱はコンポジット式[6]で、これは建設者のマンスールがもとキリスト教徒だったためとも言うが、一八世紀という建設年代から考えて、ヨーロッパ式デザインの流入とみてよいであろう。

1　Bab Agenau, Marrakech
2　44注6
3　前項参照
4　106参照。なお交通館は1893年。
5　Bab Mansour al-Aleuj, Meknes　1732
6　Composite Order　古代ローマの円柱等の一形式で，イオニア式とコリント式を組合せた柱頭に特色がある。5オーダーのうち最も複雑豪華なもの。

67　マラケシュのマドラサ・ベン・ユースーフ　モロッコ3

モロッコのイスラム教寺院には、ほとんどの場合マドラサすなわち学校が付属している。この種の学校建築は、一四世紀以来の多数の実例がある。それらのプランや構造や装飾には一定の型があり、共通性も多い。ここでは一例としてマラケシュのマドラサ・ベン・ユースーフ[1]をあげる。

マドラサ・ベン・ユースーフはベン・ユースーフ・モスクに付属する学校で、現在の建物は一六世紀半ばに建てられ、モロッコ最大の規模をもつ。しかし複雑をきわめた迷路のようなメディナ[2]の町なかにあり、人家と入りくんで建っているため、外部からは見えない。入口から長く暗い廊下を通って中庭に出る。(上図)　中庭はマドラサのなかで最も意匠をこらした部分である。写真の左手にみえるアーチが中庭の入口で、戸口まわりは木製とし、デザインの調子が何となく中国風である。中庭をとり巻く建物は煉瓦造二階建てで、仕上げは下部をタイル貼り、その上は漆喰塗りとし、二階梁や軒まわりは木造とする。このように材料を上・中・下で使いわけるのがモロッコのマドラサ建築の特徴で、中庭の景観に独自の効果をあげている。下部のモザイク・タイルも美事である。その上の漆喰装飾は、型を用いず、彫刻したもので、その精巧さは驚嘆に値する。スタラクタイト・モチーフ[3]や網状アーチ[4]の形などは写真でも認められるが、平らにみえている部分もすべて緻密な彫刻で埋まっているのである。木造部分は水平の太い角材を積み上げた構造で、やはり表面はすべて細かい彫刻で蔽う。軒下の部分には極型をあらわし、屋根には緑色の瓦を葺く。

二階は学生の寄宿舎になっており、狭くて暗い個室が沢山とってあるにすぎないが、ただ光庭[5]のあたりは立派である。(下図)　木製の手摺には精巧な繰型材を用い、柱には外部と同じ漆喰の柱頭装飾[6]をつける。柱上には端を直角に切った持ち送りを置き、その上に軒桁[7]を重ねる。これらの木材にも緻密な装飾彫刻のあとがのこっている。

1　Madrasa Ben Yousouf, Marrakech　1565
2　Medina　アラビア人の住む入りくんだ旧市街のこと。
3　45注7
4　65参照
5　光庭　採光のための狭い中庭で，2階建て以上の建物ではこの部分を吹き抜き（33注5）とする。
6　41注3

第三部
西洋

68 クレタ島のクノッソス宮殿

ギリシア1

クレタ島は、西方アジアやエジプトについで古いエーゲ文明の中心であった。当時の遺跡を代表するのは、中心都市カンディーに近いクノッソス[1]の宮殿阯で、今世紀のはじめ、エヴァンズ[2]によって発掘された。しかし建物は、小石を石灰でかためた脆い材料で造られていたせいもあり、遺跡はそのままでは保存されず、セメントやコンクリートで補修し、あるいは復原されている。

宮殿の建物の配置はきわめて複雑かつ不規則で、壁を主な構造体としている点は、アッシリアなど西方アジアの建築と似ている。しかし多層建てであった点は著しい特色で、低い部分で二階、高いところでは四階以上あったと思われる。そこで当然必要なのは階段であるが、宮殿内各所に階段室が設けられていた。そのうち図に示したのは王や王妃の居室のそばの大階段室である。もとは四階分あったと思われるが、下方の二階分だけ復原されている[3]。Uターン式の階段で、光庭[4]がわに幅の広い段型の手摺壁があり、その上に円柱を立てる。この円柱は下部が細くて上部の太い、いわゆる「倒立柱」である。エーゲ文明圏の独立円柱は、すべてこの形式である。

一般にギリシア・ローマ建築をはじめ、東洋の古代建築でも、円柱の下部は上部よりも太い[5]のが普通である。したがって、このような円柱の形は世界建築史上きわめて特異なものであって、二〇世紀になってから鉄骨・鉄筋コンクリート造に再度現われる[6]にすぎない。円柱の下には低い礎石を置くだけで、柱頭には大きく膨らんだエキヌス[7]をのせる。これも頭でっかちである。一般に建築物に安定感を与えるためには、下部は大きく太く、上部は小さく細くするのが定石である。ところがこの場合は全く逆である。エーゲ海文明は西方アジアやエジプトの大陸文明とはちがって、島や海岸に発生した海洋文明であった。そのためエーゲ文明人は日本人と同様、「安定性」よりもむしろ「軽快さ」を求めたのかもしれない。

1　Knossos, B.C.1800ごろ。
2　A.J. Evans (1851—1941)
3　1階床から2階床までの高さ約4.1m。階段の蹴上げは14cmで，現代日本の普通の公共建築と同じくらいである。
4　前項注5
5　これを細まり（テーパリング）という。ただしこれは膨らみ（エンタシス）と区別しなければならない。18, 69, 75参照

6　たとえば93下図参照
7　Echinus　うにの形をしているのでこう呼ぶ。

69 アテネのパルテノン　ギリシア2

人類の造りだした建築物のうち、最高の芸術的傑作とされるパルテノン[1]は、アテネのアクロポリス[2]の丘の上にある。ギリシア本土の神殿建築としてはやや大型の長方形プラン[3]をもち、切妻妻入り[4]で東面する。しかし周囲全体に列柱をめぐらしているため、外観上、前後の区別はない。両妻では列柱の内がわに、さらに列柱をもつ玄関があり、その奥に壁で囲まれた内陣《ナオス》[5]と奥室があった。すべて、雪をかためたように白くきめ細かな大理石でできている。

列柱をはじめ、建物各部の形式はドーリア式[6]である。ドーリア式は他の諸形式にくらべ、単純・剛直・重厚で、いわば男性的である。(上図)　たとえば円柱は太く短く、上方への細まりが激しく、溝彫りも粗く、溝の境目は鋭い稜線をつくる。柱頭も簡単で、薄いエキヌス[7]と正方形のアバクス[8]からなる。上部の水平材は厚く、繰型装飾の類はほとんど用いない。しかし単純であることは、決して粗雑であることを意味しない。施工や仕上げは極度に精密である。たとえば円柱は、幾つかの太鼓石《ドラム》をモルタルなしで積み上げたものであるが、継目では上・下の石の接触面の内がわをえぐり取り、周辺部だけ平滑に磨いて密着させている。また溝彫りは、このようにして太鼓石を積み上げてから施したものである。古代ギリシア人にとって、僅かな隙間や狂いも耐えがたいものだったに違いない。(下図)

しかしかれらの造形感覚の鋭さは、「微量変形」に一そうよく示されている。たとえば基段《ステュロバトス》[9]は上縁を水平直線にせず、かすかな凸曲線とする。周囲の列柱は垂直でなく、少しく内がわに傾けて立て、隅の柱は他よりもやや太くする。また円柱の輪郭線はわずかに膨らみ《エンタシス》をもたせる。これらは、不注意な人は見落とすほど微量な変形にすぎない。しかし、それぞれ造形上の意図があって行なわれたものであることは疑う余地がない。このように完璧な造形を追求した古代ギリシア人に対しては、ただ驚嘆するほかない。

1　Parthenon, Athens, B.C.432　ただし1687年，トルコ人が弾薬庫として使用しているところへヴェネチア軍の砲弾が命中し，現状のように大破した。
2　56注3
3　33.2m×71.7m，列柱は両妻各8本，側面各17本。
4　4注1
5　Naos　ローマ神殿のケッラ（54注3）とほぼ同じ。
6　Doric Order

7　前項注 7
8　Abacus　そろばんという意味であるが，正方形または糸巻形の板である。
9　これらの微量変形は錯視矯正のために行なわれたものだという古くからの説があるが，この説明には疑問がある。

70 アテネのニケ・アプテロスの神殿

ギリシア3

現在、アテネのアクロポリスには前項のパルテノンのほかに大小二つのイオニア式[1]神殿がある。大きい方はエレクテイオン[2]で、パルテノンの北側に北面して建つ。高低のある地形と特殊の事情のため、きわめて不規則な形をしているが、洗練された細部は優雅そのものであり、とくに南面に張りだした女像柱《カリアティッド》[3]のあるベランダは有名である。

小さな方はニケ・アプテロスの神殿[4]で、アクロポリスの西端の門《プロピレー》[5]の南わきに東面する。屋根は失われているが、ギリシアのイオニア式神殿の典型的な構成を示す。(図) 三段の基段《ステユロバトス》の上に建ち、前面に吹き放しの玄関があり、四本の円柱を立てる。玄関の奥の戸口の内部は簡単な四角い室である。側面は平坦な壁であるが、注意したいのは背面にも前面と同じ四本柱の玄関がついていることで、写真にはその南端の柱がみえる。これは実用的には全く無用のものである。ただこの神殿の場合は、門にむかって登ってくる参詣者が下から見上げる場合を考慮して、このように背面の体裁をつくろったとも考えられる。しかしアテネには、他にもこれとほとんど同じ形のイオニア式神殿[6]があった。したがって、背面にも玄関をつけるのはこの神殿だけの特別処置ではなく、このような前後対称の形式がギリシア神殿の一種の型《タイプ》であったことがわかる。ギリシア人がいかに強く対称形を好んだかを示す好例である。

円柱とその上部の水平材は、イオニア式の特徴をよく示している。柱身は細く高く、上方へのすぼまりも僅かで、溝彫りは細《こま》かい。下には曲線形の繰型[7]からなる柱礎《ベース》を置き、上には特色のある渦巻き形の柱頭をのせる。ドーリア式[8]やコリント式[9]とちがって、イオニア式の柱頭は左右方向にだけ延びた形をしている。これは、この柱頭の形が木造建築からきていることを示し、またその発生地が小アジア方面であることとも関連するようである。すべてにわたってドーリア式より優美であり、ドーリア式を男性的とすれば、イオニア式は女性的である。

1 Ionic Order
2 Erechtheion, B.C.405
3 Caryatid
4 Temple of Nike Apteros, B.C.427 5.5m×8.2m
5 Propylaea
6 イリソス河畔の神殿（アルテミス・アグロテラの神殿），B.C.449。
7 18注8

161——160

8 前項参照
9 52，73参照

71 アテネのテセイオン　ギリシア4

アテネのアクロポリスの丘の北がわの平地にはアゴラ[1]があり、そこが市民の公共生活の場であった。広場を中心としてストア[2]や議事堂や祭壇など、各種の公共建築が建ちならんでいた。テセイオン[3]は、いわばこのアゴラの鎮守社で、西側の一段高いところに、広場を見おろすようにして建っている。現存するギリシア神殿のうち最もよく保存された遺構で、屋根まで完全にのこっている。(上図)

パルテノン[4]と同じくドーリア式であるが、大きさは、長さについてその半分以下であるから、はるかに小さい。[5]建築年代はパルテノンとほぼ同じころで、各部の取り扱いや比例関係はパルテノンとほとんど同一である。(下図)

一般にギリシア建築では、建築的要素の組み合わせや各部の比例関係が重要視された。たとえばドーリア式の建物に用いる細部や装飾モチーフや比例関係は、ほぼ一定しており、みだりに変更しない。ドーリア式円柱に柱礎《ベース》がついたり、賑やかな柱頭装飾がつくことはない。前五世紀のドーリア式円柱の総高は、一般に下部直径の五・五倍程度である。すなわち、建物が小さくなれば柱の高さも直径も、その他の部分も一せいに小さくなる。テセイオンは、このような仕方でパルテノンを縮小したものとみてよい。したがって、写真をくらべるだけでは大きさの相違がわからないわけである。

ただパルテノンでは両妻の柱が八本であるのに対し、テセイオンでは六本である。これだけは規模の相違によるもので、その結果、両妻の外観がパルテノンよりやや丈の高い比例になっている。しかしギリシア神殿に最も普通なのは六本柱のほうであるから、テセイオンの比例がむしろ標準的である。なお列柱の内がわの周廊の天井には、大理石を格子状に組んだ格《ごう》天井がのこっており、また一部に当初の彩色がみられるのも珍しい。しかし内陣《ナオス》の内部は、この建物が中世以後キリスト教会堂として用いられた時代に改造されている。

1　53注5
2　Stoa　片側が吹き放しの列柱で，他の側が壁の細長い建物。
3　Theseion，B.C.444　ただし祭神はテシオスではなく，ヘファイストスであったから，ヘファイステイオン Hephaisteion とよぶべきだといわれている。
4　69参照
5　15.2m×33.2m　列柱は両妻各6本，側面各13本。

163——162

72 デルフィーの円形神殿　ギリシア5

デルフィー[1]は古くからアポロの神託で名高い聖域である。中心はアポロの神殿の一画であるが、その一画から東へ八〇〇メートルほど行った岩山の斜面の狭い平地に、アテナ・プロナエア[2]の神殿をはじめ、いくつかの建築物の跡がのこっている。そのうちここで注意したいのは、トロス[3]とよばれている建物である。前三八〇年ごろのものと考えられ、神殿であったことはほぼ疑いない。

白大理石造で、完全な円形プラン[4]をもち、三段の基段の上に建つ。(上図)　外周にドーリア式の円柱を立てめぐらし、その内側に壁でかこまれた内陣《ナオス》があり、南側に出入口があった。内陣のまわりには台基がめぐらされ、その上に、周壁に接してコリント式の円柱がならんでいた。屋根は木造の円錐屋根で、内陣部分と周廊部分が段違いに葺かれていたと思われる。外周の列柱の細部や比例はパルテノン[5]・テセイオン[6]とほとんど同様である。(下図)　しかし貴重なのは軒先の装飾彫刻をのこしている点で、繊細優美な唐草文様の浮き彫りをみることができる。

ギリシア時代の円形神殿の例は、デルフィー以外にも幾つかある。それらの構成も大体において右と同様で、基段上に建ち、外周に列柱をめぐらし、壁でかこまれた内陣にも柱を円くならべている。このような構成原理は、基本的には長方形神殿の場合と同一であって、矩形のものを円形に引きなおしたにすぎない。したがって、前と後、右と左のどちらから見ても形が同じという性質は、かわっていない。ただ円形のほうが長方形よりも一そう対称性が強い。ギリシア人は一般に、対称性の強い建築物を好んだ。全周に柱をめぐらさない神殿の場合でも、前面と同じ形の玄関を背面にもつけなければ気がすまなかった[7]ほどである。その意味から円形神殿は、ギリシア人の造形志向のひとつの極点を示すものといえる。

1　Delphi
2　Athena pronaea
3　Tholos　ドームあるいは円い建物のこと。
4　直径13.5m
5　69参照
6　71参照
7　70参照

73 アテネのオリンピエイオン

ギリシア6

アテネにはローマ時代の遺跡も、ギリシア時代のものに劣らず多い。アクロポリス付近のオデイオン[1]、ローマン・アゴラ、ハドリアヌスの図書館などはその例である。しかし最も壮大なのは、アクロポリスからやや東に離れたところにあるオリンピエイオン[2]である。

オリンピエイオン、すなわちゼウス・オリンピウスの神殿は、この土地に早くより建設が始められていたが、現存の建物は、ローマ時代になってからハドリアヌス皇帝[3]が完成したものである。広い長方形の境域をしめ、西北隅にアーチ形の重層の門を開き、神殿は中央に東面する。長さは一一〇メートルあり、周囲に二重のコリント式列柱をめぐらし、前後にはもう一列加えて三重の列柱を立てていた。すなわち、前後対称のギリシア風プランであった。現在、十数本の柱が立っている。(図) 円柱基部の直径は、パルテノン[4]と同じく約一九〇センチであるが、コリント式であるため比例が細長く、柱の総高はパルテノンの一・六倍にも達する。そればかりでなく、柱の間隔が広いため、くらべものにならないほど嵩《かさ》高い建物になっている。

細部をみると、柱礎はイオニア式[5]と同じく曲線形の繰型からなり、柱身には深い溝彫りを施し、溝の境に細いうねをのこす。ローマ時代の円柱は溝彫りがない方が普通であるから、これはギリシアの伝統的手法といえる。柱頭は二重にめぐらしたアカントス[6]の葉と、内外に巻いた蔓《つる》草からなり、豊かで華やかである。コリント式柱頭はギリシア時代にも稀に用いられたが、形は一般に痩せて硬く貧相であった。その点からすれば、この柱頭はローマ風である。しかし彫りが深く、線の鋭い点は、やはりギリシア的である。この建物はローマの建築師コッスティウス[7]の計画によるといわれており、たしかに規模の壮大さや装飾の豊かさはローマ的である。しかしプランの形式はギリシア風であり、各部の施工はギリシアの工人の手になったものであろう。

1　Odeion　ヘロデス・アッティクスの音楽堂のこと。
2　Olympieion
3　Hadrianus（在位A.D.117—138）　ただしこの工事はB.C.174年にシリア王アンチオクス4世が着手していた。
4　69参照
5　70参照
6　52注5

74 アテネのカプニカレア　ギリシア7

中世以後のギリシアでは、東ローマのギリシア正教が行なわれ、したがって建築をはじめとする造形芸術もビザンチン式[1]であった。アテネにあるビザンチン式教会堂の古い遺構は、ほとんどが一一、一二世紀のもので、それらは旧市街のあちこちに点在する。そのうちカプニカレア[2]の教会堂は、旧市街を東西に貫くエルムー通りと、南北方向の通りとの交叉点の小さな広場の真中にある。教会堂は一一世紀半ばの建築であるから、この付近の町割りも同じころできたものであろう。しかし周囲の新しい建物が高いため、ひどく落ち込んでみえる。(図) のみならず、建物の地盤が道路面より低い。これは千年近い歳月の間に土砂が道路に堆積したためである。

堂は西面しているが、入口は南がわの西端にある。(上図) 建物の主体は、ドームを中心として四方に腕を出した十字形の部分で、その部分は屋根が他よりも高くなっている。細く高いドーム[3]の形は、イスタンブールのハギア・ソフィアの平たい大ドームから五百年間に変化した結果である。しかし十字形のプランは、四方対称を基本とするビザンチン建築の原則に従ったものである[4]。背面に丈の高い三つのアプス[5]が突出するのは、中世ビザンチン教会の特色である。(下図) 鋸《のこぎり》形の屋根をもつ西面の前室と、その南端の玄関は、ややのちに付加されたものであろう。すべて黒ずんだ石積みで、暗赤色のかまぼこ目地《めじ》[6]でつなぎ、小さな柱頭は素朴な彫刻で飾っている。

内部は、あまり大きくない空間を細かく分節しているため、狭くて暗い。中央ドームの下で仰ぐと、井戸の底から空を見上げるような感じがする。アクロポリス付近の古代ギリシア・ローマの建築は、大きく明るく、自信と誇りに満ちた造形であった。しかしこの中世ビザンチン教会は、低く、狭く、暗い。質朴で謙虚ではあるが、その反面、貧弱で卑屈にさえみえる。両者の間には、とても同一民族の造ったものとは思えないほどの断絶がある。

1　57参照
2　Kapnikarea
3　57参照
4　55参照
5　77参照
6　かまぼこ目地　目地は石や煉瓦を積むときの接着材が表面にあらわれた線状の部分。かまぼこ目地は，それが円く盛りあがって円柱面をなすもの。

169——168

75 パエストゥムのポセイドンの神殿　イタリア1

パエストゥムはナポリの南方、汽車で一時間半ほどのところにある海に近い田舎町である。ここには紀元前六世紀ごろギリシア人が建設した植民都市ポセイドニア[1]があった。町の遺跡の中心部には、今もいくつかの神殿や、フォルム[2]や闘技場のあとがある。現在地上に建っている三つの神殿は、いずれもギリシア時代のものであるが、そのうち最も保存がよく、しかも美事なのはポセイドンの神殿[3]である。

　この神殿の大体の形式はギリシア本土のものと同様で、両妻に六本の柱を立てるのも本土に最も多い形式である。(上図)　しかしこれを、たとえばアテネのテセイオン[4]と比較してみると、全く違った印象をうける。この神殿のほうが、はるかに荘重かつ豪快である。その原因は、なによりも両者の比例の相違にある。たとえばこの神殿の周囲の円柱は、総高[5]が基部直径の四・三倍しかない。柱上の水平材[6]は、柱の総高の約三分の一の厚さがある。また柱身の上すぼまりが激しく、強い膨らみがあり、柱頭のエキヌス[7]は円く水平に開き、アバクス[8]も大きい。

　このような比例をもつポセイドンの神殿を、テセイオンやパルテノン[9]とくらべると、それらはむしろ弱々しくみえるほどである。しかしこれら三つの神殿の建築年代はすべて同じころであるから、この相違は地方色とみるほかない。この地方色を最も強烈に感じさせるのは玄関付近である。(下図)　両脇の壁の間に二本の円柱が立つが、壁や円柱の隙間よりも、円柱の直径のほうが大きく、通りみちがないくらいである。このような柱の塊量性、空間の充実性は、エジプト神殿[10]の内部の印象にきわめて近い。そればかりでなく、両脇の壁の上部の繰型[11]は、エジプトのものと同じく凹曲面でできていて、エジプト建築との直接交渉を暗示している。

　なお現在のパエストゥムの建築を一そう迫力あるものにしているのは、赤錆色をした多孔質の石灰岩の荒々しい肌である。しかし建設当初からこのようであったかどうかは疑問である。

1　Poseidonia　海の神ポセイドンの町という意味。
2　Forum　ローマ時代の公共の広場で，神殿その他の公共建築が集まっているところ。ほぼギリシアのアゴラ（53注5，71参照）に相当する。
3　ただし現在，この神殿は女神ヘラにささげられたものと考えられている。B.C.450ごろの建築。
4　71参照
5　下底よりアバクスの上まで。

6　この場合は軒蛇腹（コーニス）をのぞく水平材の高さ。
7　68注7
8　69注8
9　69参照
10　62参照。なおこの点は南隣の「バジリカ」とよばれる神殿において一そう明瞭である。
11　18注8，61参照

76 ローマのパンテオン イタリア2

ローマのパンテオン[1]はアウグストゥス時代に将軍アグリッパによって創建された神殿であるが、現在の建物はハドリアヌス皇帝[2]のとき全面的に改築され[3]たものである。

パンテオンは一種の円形神殿であるけれども、これ以前のギリシア風円形神殿[4]とは全く違った構想のもとに造られている。(上図) 建物の主体は巨大なコンクリート造[5]の円筒の上にドームをかぶせたもので、周囲に列柱はなく、絶壁のような煉瓦壁をそのまま外観にあらわしている。その正面には巨大な石造の玄関がつく。玄関は列柱と三角破風からなり、普通の長方形神殿の前面部と同じ形である。建物の主体は曲面からできているのに、玄関部分はすべて直線的形態であるから、両者の組み合わせはいかにも唐突で、強引な感じさえする。

しかしこの建物の見所は内部である。(下図[6]) それはひとつの巨大な円形の広間で、直径も高さも四三・五メートルある。中央上部に大きな円い孔があいているだけで、他に窓はない。周囲の壁には七ヵ所の凹みがあり、そこには七遊星が祀られていたという。ドームの内面は段々形の格《ごう》天井とする。これ以上に単純明快で、しかも壮大な内部空間は他にないであろう。

エジプトでもギリシアでも、神殿の内部には壁や柱が所狭しと立っていて、本当の意味での「空間」はなかった。これは一般参詣者が神殿内部に入って礼拝することがなく、主な宗教儀式は外部で行なわれたことと密接な関係がある。ところがローマでは、参詣者が神殿内に入り、内部に設けられた厨子《ずし》やタラモス[7]を巡拝するようになる。そこで神殿の外観よりも、むしろ内部空間のほうに造形の主眼が置かれるようになる。パンテオンは、このような新しい建築的課題に対する大胆不敵な解答であった。そしてこのパンテオンの内部空間は、さらにイスタンブールのハギア・ソフィア[8]の内部空間へと発展してゆくのである。

1 Pantheon　やおよろずの神々を祀る神殿という意味。
2 73注3
3 A.D.128ごろ
4 72参照
5 火山灰や石灰をセメントとし，小石や煉瓦屑をまぜたコンクリートによる構造。
6 ピラネジの銅版画による。

7　54注 4
8　57参照

77 コンスタンチヌス大帝のサン・ピエトロ　イタリア3

帝政ローマ時代も末の四世紀のはじめ、皇帝コンスタンチヌスはキリスト教を解禁し[1]、みずからもキリスト教徒となった。そしてローマのヴァチカンにある殉教者ペテロの墓の上に大規模な教会堂を造った。これがカトリックの総本山サン・ピエトロ[2]のはじめで、それは一六世紀に改築[3]されるまで建っていた。

教会堂の建物は東西に長い矩形プランをもち、東に玄関《ナルテックス》、西に祭壇があった。(下図)　建物の主要部は礼拝者の場所で、縦方向の列柱で五つの部分にわけられ、中央の最も広く高い部分はネーヴ[4]、左右各二本の廊下のような低い部分はアイル[5]とよばれる。(上図)　祭壇のまえは儀式のための空間で、南北にトランセプト[6]が腕のように張り出し、祭壇まわりは半円形のアプス[7]となって後方へ突出する。構造は比較的簡素で、壁は煉瓦造、天井は木造小屋組を露出し、列柱だけが石造である。細部はもちろんローマ式であった。

一般に、右のようなプランをもつキリスト教会堂はバジリカ式[8]とよばれる。そしてこの形式は、以後現代にいたるまで西欧のキリスト教会堂の基本型となる。ただサン・ピエトロではアイルが四本であったが、これはとくに大規模な場合で、普通は二本である。前者は五廊式、後者は三廊式とよばれる。また小さい礼拝堂などではネーヴだけの場合もある。いずれにせよ、奥行の深い縦長の空間の突きあたりに礼拝の対象を置くのが基本原則である。

もともとキリスト教会堂は、多数の信者が集まって礼拝するための集会所である。この点はイスラム教のモスク[9]と同性質である。しかしモスクの大広間はたいてい奥行よりも間口が広い。また日本の中・近世の仏教寺院の本堂でも、内陣のまえに参詣者のための広い場所ができるが、これも間口の広い横長の空間である。これらは、類似の目的をもつ建物でありながら、それぞれ違った建築形式が成立した場合として注目する必要がある。

1　A.D.313
2　S.Pietro, Vatican　330年ごろ創建
3　82参照
4　Nave
5　Aisle
6　Transept
7　Apse, Apsis

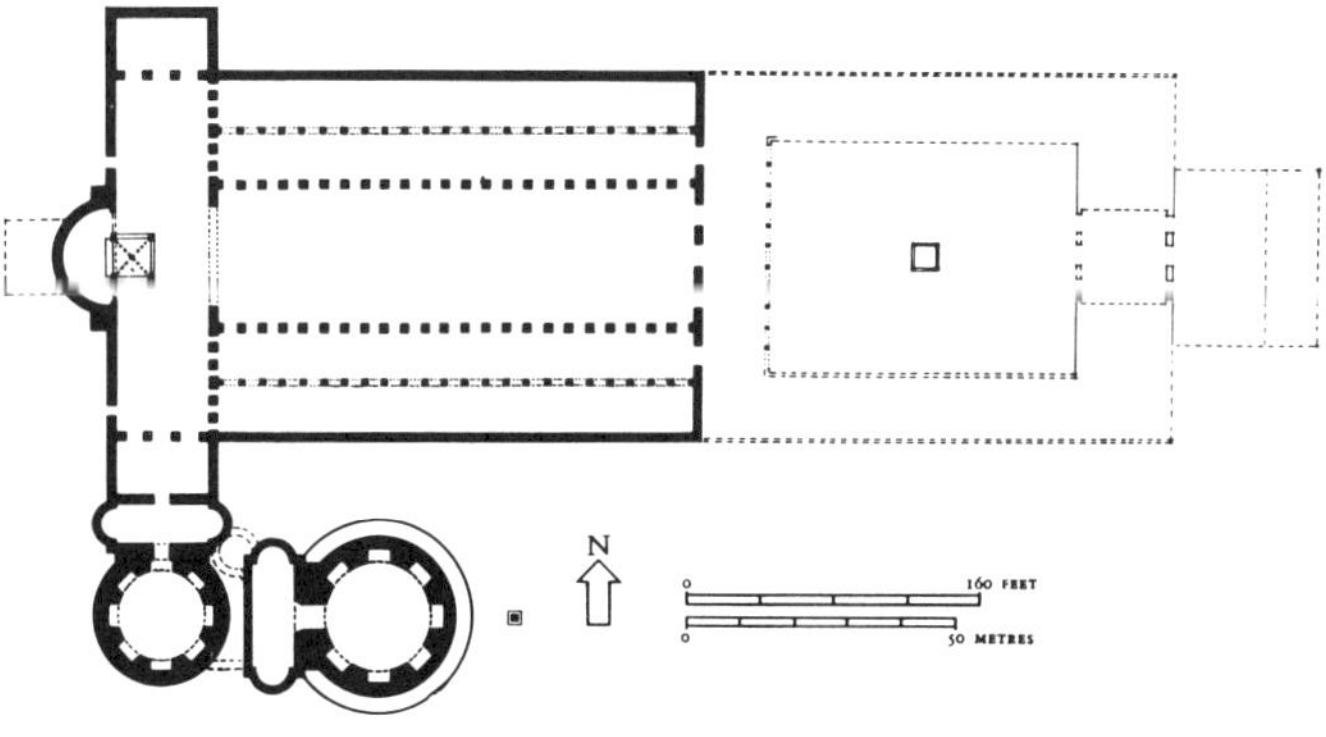

8　Basilican Church　バジリカとは古代ローマの一種の公会堂で，その形式をキリスト教会堂に応用したため，こう呼ぶ。

9　38注1

上図　ヴァチカン宮殿の地下壁画に示された旧サン・ピエトロの内部。

下図　フレイザーによる旧サン・ピエトロ復原平面図，A.D.400年ごろの状態を示す。点線は後の増築部分。

78 ミラノのサン・タンブロジオ　イタリア4

五世紀以後、イタリアでは相つぐ北方民族の侵入と、それによるローマ帝国の崩壊のため、ギリシア以来の古典文化は踏みにじられ、未開野蛮の社会に逆もどりした。この暗黒時代は約五百年間つづいたが、その間にローマ人は北方民族と混血してイタリア人となり、ラテン語は訛《なま》ってイタリア語に変化した。ただひとつ、キリスト教だけは次第に勢力をのばし、ヨーロッパに新しい文化が発生する原動力となった。

前項でのべたように、キリスト教会堂はすでにローマ時代から造られていた。しかしそれらは要するにローマ建築の一種にすぎず、とくにキリスト教建築というほどの独自性をもつものではなかった。そしてこのような教会堂が、古代ローマの遺産とは別個の、独自の特色を発揮するようになるのはずっと遅く、一〇世紀ごろ以後のことである。その種の教会堂はロマネスク式[1]とよばれるが、ロマネスク式の発生地の一つは北イタリアのロンバルジア地方であった。

ミラノのサン・タンブロジオ[2]は、典型的なロンバルジア・ロマネスク教会堂の例である。前面に中庭があるのは古い形式で、遠く古代ローマの住宅のおもかげを伝えている。(図)周囲の街の雑踏にくらべ、ここだけは別世界のように静かである。中庭をかこむ回廊の柱はきめの粗い石で造られ、柱頭には奇妙にからんだ植物が彫られている。ギリシア・ローマ系統の柱頭とは全く違ったもので、ロンバルド族[3]の素朴な造形感覚を示している。堂の前面は平たい煉瓦壁で、細い石の付柱をつけ、破風に小アーチ帯を飾るのもロンバルジア・ロマネスクの質素な地方色である。玄関とその上階は吹き放しになっていて、それらのアーチが壁面に深い陰影をつくる。内部は三廊式のバジリカ式[4]プランからなるが、天井は対角線状のリブ[5]をもつ交叉ヴォールト[6]で、これは以後中世を通じて発達するリブ・ヴォールト式天井デザインの出発点をなすものである。

1　Romanesque
2　S.Ambrogio, Milano　10世紀後半から12世紀初め。
3　Lombards　ゲルマン民族の一種族で，６世紀から８世紀まで北イタリアを支配した。
4　前項参照
5　Rib　石造天井の下面につくアーチ状の骨組み。81下図，90，96の図を参照。
6　ヴォールト（29注６）を十文字に交叉させた構造。ただし中世のものは中央

177——176　　部がドームの内面のように膨らむ。90の図を参照。

79 シチリアのモンレアーレ大寺

イタリア5

モンレアーレはシチリア島パレルモの西南郊外にある小高い山で、大教会堂と修道院がある。それらは一二世紀末に建てられたもので、時代的にもロマネスク様式に属する。しかしシチリアのロマネスクは、前項でのべたロンバルジア地方のものともトスカナ地方[1]のものとも違った独特の地方色をそなえている。それはこの島が地中海の真中に浮かんでいるため、異国の影響をうけることが多かったからである。当時シチリアはノルマン人に支配されたが[2]、建築的には、それ以前に受けた東ローマのビザンチン文化やアラビア人のイスラム文化の影響が濃厚である。

モンレアーレの教会堂[3]は大規模なバジリカ式教会堂[4]で、上図はその東端の一部を外からみたものである。壁面はすべてアーチで蔽われているが、そのアーチは一つおきに交叉しており、しかも、頂点が尖っている。交叉アーチの内側にはさらにアーチ型があり、内部に横帯や円板状の装飾がつく。これらの部材はすべて褐色の石でつくられ、その表面には黒い緻密な石を象嵌《ぞうがん》して細かい幾何文様をつくる。交叉アーチといい、平面的な幾何学的装飾といい、そこにはイスラム風な雰囲気が濃厚に漂っている。なお堂内の壁は、壮麗なビザンチン風の金色モザイク[5]で蔽われ、露出した木造小屋組の彩色装飾も鮮やかである。

下図は付属修道院の回廊《クロイスター》[6]で、ひろびろとした中庭をとり囲んでいる。右手は西南隅の泉屋の突出部である。中庭がわは二本ずつ対《つい》になった円柱で丈の高い尖頭アーチをささえている。円柱はそれぞれデザインが異なり、白大理石の柱身に溝を彫って黒い石や赤・金の陶片を象嵌し、幾何文様をあらわす。そのなかには日本の元禄模様に似た派手な図案もある。また柱頭の装飾彫刻も千変万化である。現存する修道院の回廊のうち規模の大きさにおいても、装飾の豊かさにおいても、最もすばらしい例である。

1　フィレンツェやピサの地方。この地方では白や緑の大理石を用いた派手な構成のロマネスク建築が行なわれた。
2　1072年から1194年まで。
3　Duomo, Monreale　1185年ごろ
4　77参照
5　57注6
6　Cloisters　中庭をとり囲み，僧侶の寝室や食堂や礼拝堂を連絡する廊下。中

179——178

庭側がアーケード（次項注3）になっている。

80　ヴェネチアのパラツォ・ドゥカーレ　イタリア6

パラツォ・ドゥカーレ[1]はヴェネチア国の太守《ドーゲ》の宮殿兼政庁だった建物で、サン・マルコ寺院の南隣りにある。主要部は一五世紀後半に造られていて、末期ゴシック[2]に属する。しかしヴェネチアのゴシックは、ゴシックのなかで最も異色がある。

運河と小広場《ピアツェッタ》に面する側は同じ扱いで、一・二階はアーケード[3]とし、三階はとくに階高が高く、広い壁面に少数の窓を開く。(上図) これは、細い部材で重い箱を支えた感じで、古典的な造形原理からいえば上下反対の扱いであるが、ここではそれがかえって幻想的な魅力を与えている。一階のアーケードは簡単な尖頭アーチで、ゴシック建築の一般的な形式である。二階は茨《いばら》[4]をつけた尖頭アーチを細かくならべ、その上部は四葉飾りをもつ円窓で埋める。この華やかな形のアーケードはヴェネチアの他の多くの館建築にも用いられている。三階の壁面は白とピンクの大理石モザイクとし、幾何文様をあらわす。右端の窓の飾りは二階のアーチを一そう複雑にしたもので、末期ゴシックの繊細さを示す。その左の窓も同様であるが、これは交叉アーチを骨組みにしており、この系統のアーチもヴェネチア・ゴシックで好んで用いられた美しいモチーフである。

下図は内部の木造部分を示したものである。コリント式円柱[5]で梁を支えているが、ここで注意したいのは梁と柱頭の間の持ち送り材[6]である。この持ち送りの下面の彫刻は、波頭を反復したような形をしている。この波頭の形は日本の中世建築に最も普通に用いられたものであって、蟇股《かえるまた》[7]の脚端をはじめ、各部の装飾に頻繁にあらわれる。中世の日本とヴェネチアの間に直接の交渉があったとは考えられないから、両者の類似は影響や模倣によるものではない。造形上の一種の必然性によるものであろう。すなわち、同種の材料を用いて同種の建築的課題に答える場合、構造的に似るのは勿論であるが、造形的な面でも人間のすることは余りかわらない、ということを示す好例である。

1　Palazzo Ducale, Venezia
2　89参照
3　Arcade　吹き放し(7注8)の列柱の上にアーチを連続してかけたもの。
4　茨　2本の凹曲線の輪郭からなる尖った部分。
5　52，73参照
6　41注3
7　9参照

181——180

81 フィレンツェのオスペダーレ・デリ・インノチェンティ　イタリア7

建築史の本のなかで、古代・中世の建築について建築家の名前が建築物の名称のまえに出てくることはほとんどない。ところが西洋のルネッサンス時代には、「だれそれ設計の何々」というふうに、建築家の名が建築物のまえに出てくるようになる。これは、建築家が個性と主張をもった芸術家として認められてきたことを意味する。

ところで、このようなルネッサンス時代の建築家として最初に登場するのはブルネレスキ[1]である。かれの作品はフィレンツェにいくつかあるが、そのうち最も初期のものがオスペダーレ・デリ・インノチェンティ[2]である。サンティシマ・アヌンチアータ広場に面しており、二つの中庭のまわりに多数の室を配置した大きな施設で、広場の側は廊下のように細長い玄関[3]になっている。(上図) 外面は円柱で支えられたアーケード[4]で、天井は方形のドームをならべ、内側の壁には中庭や各室に通ずる戸口を設ける。(下図) 円柱はフィレンツェ特有の灰緑色の石材でつくられ、ほっそりした柱身の上に八つの渦巻きをもつ高めのコリント式柱頭をのせる。天井を区切るリブ[5]と壁つきのアーチも細く軽い。明るくすがすがしい空間である。

ブルネレスキはこの玄関と同じ手法で教会堂や宮殿なども設計している。それらにおいて、ブルネレスキがルネッサンスの先駆者として志したのは、何よりもまず古代ローマ建築の復興ということであった。ルネッサンス[6]の文字どおりの意味は「再生」ということであり、建築ではそれが正直に実行された。そして古代ローマ建築の模倣ということは、ルネッサンス以後一九世紀にいたる約五百年間の西洋建築の指導原理となるのである。しかし同じ模倣でも、時代によって模倣の仕方に変化があり、建築家の才能による巧拙もある。ブルネレスキが、ゴシック風の繊細な感覚とローマ風な明快率直さを兼ねそなえたすぐれた建築家であったことは、この作品からもわかる。

1　Filippo Brunelleschi（1376―1446）
2　Ospedale degli Innocenti, Firenze　孤児院。玄関は1424年。
3　ロジア Loggia とよばれている。
4　前項注3
5　78注5
6　Renaissance

183——182

82　ミケランジェロのサン・ピエトロ　イタリア8

ローマのサン・ピエトロ寺院はローマン・カトリックの総本山で、帝政ローマ時代末期に創建[1]されたが、現在の建物はルネッサンス時代に改築されたものである。この改築には数多くの建築家が関係し、設計もたびたび変更され、完成までに約一六〇年を費した。

一五四六年にミケランジェロ[2]がサン・ピエトロの主任建築家となったとき、かれはブラマンテ[3]の原案の四方対称形プランを踏襲した。ドームを中心とする対称的プランは、古代ローマからビザンチン[4]にかけて発達した形態であったが、またこれはルネッサンスの理想的建築形態でもあった。現在の中央ドームはミケランジェロの死後、かれの設計にもとづいて施工されたものである。(上図)　下方に対《つい》の円柱をめぐらした円筒《ドラム》をすえ、頂部《ランタン》にも同じ形を縮小して反復する。ドーム本体の外観は、半球よりやや丈の高い弾力的な曲面を示す。パンテオン[5]やハギア・ソフィア[6]のドームは、内部の空間構成のためだけのもので、外観にはほとんど効果がなかったが、このドームは内外二重の煉瓦造殻《シェル》からなり、天井と屋根が別々に造られているため、外観を存分に強調することができた。この高くそびえる豊満なドーム[7]は、後期ルネッサンスを代表する記念物である。

しかしこの大ドームを中心とする四方対称の雄大な構成は、残念ながら正面からはみえない。それは一七世紀になってから、カルロ・マデルナ[8]の設計によって前面に三廊式のバジリカ形の部分[9]と玄関がつけ加えられたからである。(下図)　これらの部分は邪魔なばかりでなく、寸法的に大きいだけで、造形的には貧弱である。平面図[10]をみても明らかなように、ミケランジェロ設計の部分は大まかで力強く、マデルナ設計の部分は細かく込みいっている。そのため、両方の部分で図面の縮尺が違うのではないかと疑われるほどである。このように比較してみると、ミケランジェロがまさに「巨人」であったことがよくわかる。

1　77参照
2　Michelangelo Buonarroti (1475—1564)
3　Donato Bramante (1444—1514)
4　57参照
5　76参照
6　57参照
7　ドームの内径は42m。

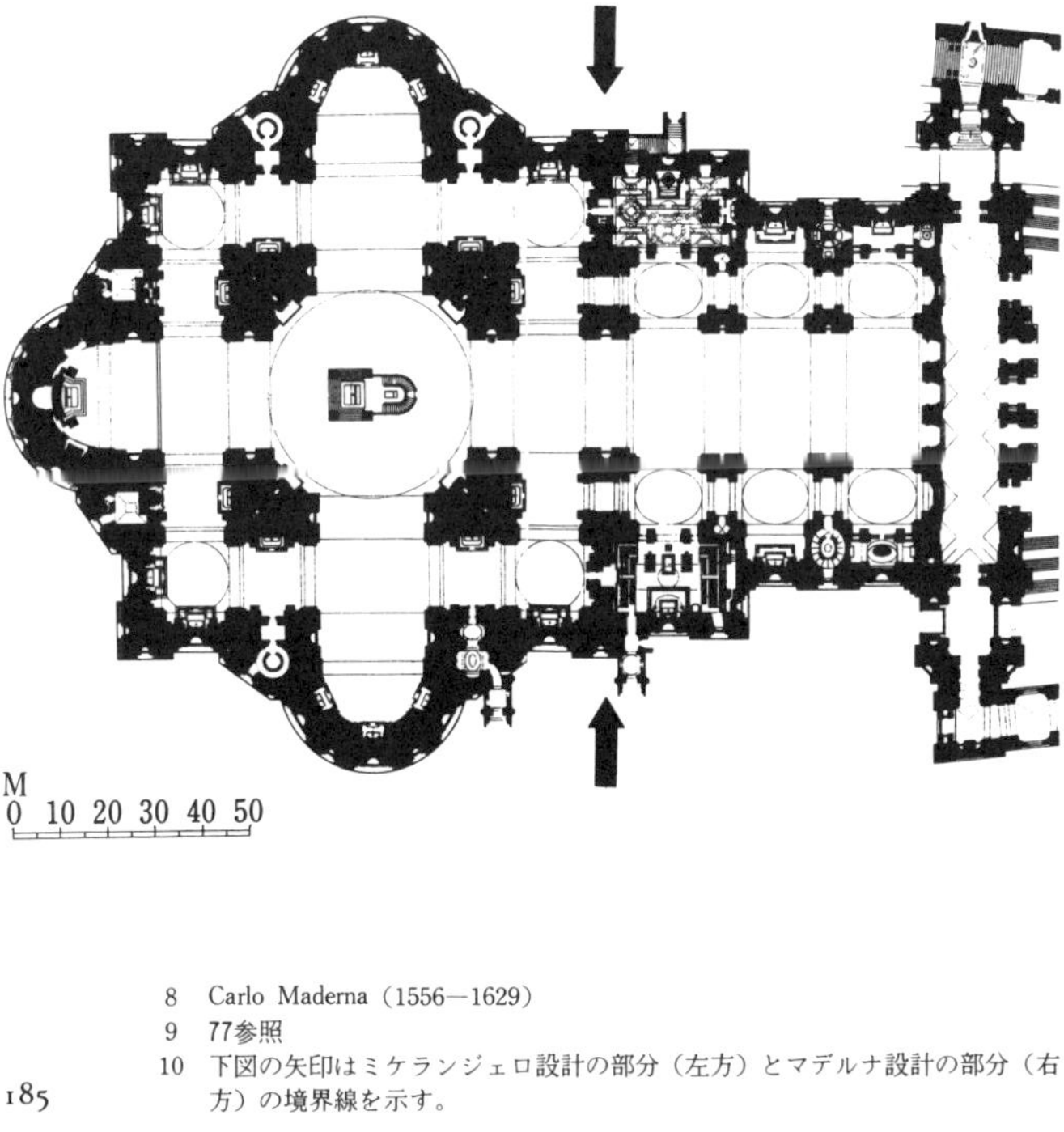

8　Carlo Maderna（1556—1629）

9　77参照

10　下図の矢印はミケランジェロ設計の部分（左方）とマデルナ設計の部分（右方）の境界線を示す。

83 ローマのサン・カルロ・アレ・クワットロ・フォンターネ　イタリア9

現在のローマの街なかの噴水や広場にはバロック[1]時代につくられたものが多い。クワットロ・フォンターネ（四つの泉）の交叉点もその一例で、四つ角《かど》の各建物の隅の壁に、それぞれ横臥した神像彫刻と半円形の水盤が設けられている。これらはドメニコ・フォンタナ[2]の作品である。そのうち南側の角の噴水を取りつけた建物がサン・カルロ教会堂と付属[3]修道院で、フランチェスコ・ボロミニ[4]の設計になる。規模は小さいが、イタリアの後期バロックを代表する建築である。

図は教会堂の前面である。この前面部は、左手の泉の部分とも、右手の修道院の部分とも無関係に、別の板を貼りつけたような形につくられている。二階建てで、上・下層とも円柱をならべ、各所に彫像を配置し、上層の中央部に凹曲線の屋根をもつ楕円形の小屋をすえる。この構成は、ペトラの「ファラオの宝庫」[5]にそっくりである。ただ違っている点は、「宝庫」では一階に三角破風をもつ四本柱の玄関を少し突出させ、二階は三角破風もろとも切断して円形建物を独立させているのに対し、サン・カルロでは、一階は基壇から軒まですべてを弓形にうねらせ、二階は中央部も左右と同じく凹ませて、そのなかに楕円形小屋を納めている点である。つまり、「宝庫」は複雑な構成ではあるが、各部分が直線と平面で構成され、円形部分も他と明瞭に区別されているのに反し、サン・カルロのほうは前面全体が波のように動揺し、彫像や小屋は波間に漂流しているようにみえる。「宝庫」は古代ギリシア・ローマ建築が変化と刺戟を求めて到達した最終段階を示し、いわば古代のバロック建築である。しかし、それでもサン・カルロの前面にくらべれば、細部は明晰であり、構成は静的である。すなわちボロミニはここで、石造の壁面に不断の流動性の表現を与えたのであって、同様の効果はこの堂の内部空間にも顕著にあらわれている。そしてそれが一般に、後期バロック建築の最大の特色となるのである。

1　Baroque
2　Domenico Fontana（1543—1607）　この泉は1585年以後の作。
3　San Carlo alle Quattro Fontane, 1638　ただし教会堂前面は1667。
4　Francesco Borromini（1599—1667）
5　50参照

84　コルドバのモスク　スペイン1

　スペイン南部の町コルドバは、かつてはイスラム文化の中心であった。八世紀に北アフリカから侵入したイスラム教徒は、ここを都として西カリフ王国をたてた。モスク[1]は初代の首長[2]によって創建されたが、その後何度も増築され、世界有数の大モスクとなった。ただし、一三世紀にムーア人[3]が駆逐されて以後はキリスト教会堂に転用され、いろいろと改修をうけている。北側に主入口とミナレット[4]、それから大中庭があり、その南に大広間が果てしもなくつづく。大広間のなかには、赤白の斑《まだら》の二重アーチをもつ縦方向のアーケード[5]が何列も走っている。その中ほどにキリスト教会堂が、もとの低い屋根を突き破ってそびえているのは奇観である。

　上図は大広間の西側の外壁の一部である。厚い控《バッ》え壁《トレス》[6]の間に入口が二つみえるうち、右側のものは末期ゴシック式の装飾があるので、キリスト教時代に改造されたことが明らかである。しかし左側の入口はスペイン・イスラムの特色をよく示している。戸口の上には馬蹄形アーチ、左右の窓の上には五弁形アーチを用いているが、それらはすべて、彫刻のある白い石と平らな赤い石を交互に積んだものである。面白いのは最上部の交叉アーチで、赤白の斑のアーチと、その外周の細いアーチを交互に織ったように組み合わせている。アラベスク[7]などの絡《から》み文様に対する好みが、ここにもあらわれている。

　下図は大広間の南端にあるミーラブ[8]の前の天井を見上げたものである。写真では大きくみえるが、実は一辺約七メートルの正方形の一区画の天井である。四隅に四五度方向の多弁形アーチをかけて八角形プランをつくり、その八角形の各頂点から一つ飛びにアーチをわたす。つまり、イスラム建築得意の交叉アーチ[9]を立体的なドーム構造に応用したものである。交叉アーチの上にはひだのある小ドームをかぶせる。これらの表面はすべて金色のモザイク装飾[10]で蔽われている。イスラム建築の幻想的な巧緻さを最もよく発揮した小空間である。

1　Mezquita, Cordoba　A. D. 786創建，その後10世紀末まで次第に増築。130m × 174m
2　Abd-er-Rahman I（在位756—788）
3　65注 6
4　38注 4
5　80注 3
6　Buttress　壁を補強するため，それと直角方向に，壁の一部を柱状に突出さ

せたもの。
7　44注6
8　44参照
9　79参照
10　57注6

85　グラナダのアルハンブラの宮殿

スペイン2

一一世紀以後、スペインにおけるヨーロッパ人の勢力が強まってからは、ムーア人[1]は次第にイベリア半島南部の山岳地帯に追いつめられ、グラナダがかれらの最後の拠点となった。そして一三世紀半ばから約二五〇年間[2]、ここを都とするグラナダ王国が続いた。現在のグラナダの町の東にあるアルハンブラ[3]の丘には、当時の城塞や王宮や庭園がある。それらはモロッコのイスラム建築と密接な関係をもち、いわば「ヨーロッパのなかの東洋」として、独自の美の世界を保持している。スケールは決して大きくないが、よく整備されており、水も緑も豊富である。

イスラム時代の王宮の主要部は、二つの中庭《パチオ》を囲むようにして配置されている。そのうち「獅子の中庭」は国王の居殿の一画の中心で、中央にライオン像で支えられた有名な噴水がある。この中庭の周囲にはアーケードがめぐらされ、その奥には壮麗な数々の室が続いている。しかしこの中庭の特徴は、両端に吹き放しのパビリオンが突出している点で、このような突出[4]はモロッコのモスクの中庭にもみられるものである。

図は中庭の西端のパビリオンを内側からみたところで、ライオンの噴水は右方にある。噴水から水が屋内に導かれており、石敷きの床《ゆか》に直線の溝と円い水溜めがみえる。亜熱帯的な乾燥気候のもとで水を楽しむための工夫である。中庭の周囲のアーケードとパビリオンに立ちならんでいる大理石の円柱は、精巧ではあるが細く低い[5]。一見ローマ式円柱[6]のようにみえるけれども、細部要素は全く違っている。柱身の上下に水平の輪を何本も巻いているところはインドの柱に似ている。柱の上の馬蹄形アーチの下面には氷柱《つらら》のようなスタラクタイト・モチーフ[7]、壁の表面には菱形や多弁形の網状アーチ[8]を彫刻し、その他の部分も文字やアラベスクで埋めつくしている。その精巧緻密さは驚くべきである。アルハンブラでは、このように充満する細部《ディテール》のきらめきが、人びとを酔わせ、夢幻の世界に誘うのである。

1　65注6
2　1238年から1492年まで。
3　Alhambra, Granada
4　たとえばフェズのカラウィーン・モスク（956年）。
5　柱身下部の直径は約20cm，上部直径は約18cm。
6　たとえば52，76の図参照
7　45注7

8　65参照

86 グラナダのカルトゥハの聖器室

スペイン3

複雑濃厚な装飾的細部を好むのは、スペイン人の体質によるのであろうか、それともスペインの風土に原因があるのであろうか。西ゴート族がイベリア半島に定着して以後、はじめて建築らしいものを遺すようになった九世紀ごろの教会堂にも、すでにかれらは捩《ね》じ柱[1]を用いている。それに続くロマネスク・ゴシック時代のスペイン建築も、ヨーロッパの他の地域にくらべると著しく濃厚である。ルネッサンス時代には、一部にイタリア・ルネッサンス風の単純厳格な作風もみられたが、それは「無装飾《デスオルナメンター》式《ド》[2]」とよばれ、スペイン人にとってはむしろ異常なものだったらしい。そしてバロック時代になると、かれらの装飾意欲は爆発的に沸騰する。装飾の多いことはバロックの共通特色の一つであるが、スペインではこの特色が極限まで追求された。

その一例としてグラナダのカルトゥハの聖器室[3]をあげよう。カルト派の修道院の教会堂に付属する小さな礼拝堂で、図はその内部の壁面の柱型《はしらがた》[4]を下から見上げたものである。すべて白一色の漆喰で仕上げられている。複雑な細部のため、概形をとらえにくいが、上部に張り出した四角い板のような水平材と、その下に続く部材の対称軸をたどれば、これが一本の単純な矩形断面の柱型の変化したものであることがわかる。個々の細部の形はとりとめもないようであるけれども、渦巻きや花形を除いて考えると、ローマ建築の軒の形が基礎になっていて、それを種々変形しながら積み重ねたものである。とくに目立つのは隅のところで三角に跳ねあがる「豚の耳[5]」であるが、これは円弧形破風の一部を切断し、それを逆向きに取りつけたものである。要するにこの、目もくらむほど複雑多様な細部も、ルネッサンス時代以後ヨーロッパ各国で採用されたローマ式細部の反復展開にすぎないのである。しかしイタリアやドイツのバロック[6]でも、ここまでは進展しなかった。形象の氾濫という点でスペイン・バロックを凌駕するのは、インド建築ぐらいのものである。[7]

1 捩じ柱 柱身を外見上，ねじったような形に仕上げたもの。
2 Desornamentado ホアン・デ・エレラらの作風をさす。
3 Sacristy, Cartuja, Granada 1713—'47
4 36注3
5 Sow's Ear
6 83，97参照 なおスペイン・バロックと同一造形文化圏に属する建築として，ポルトガル，メキシコ，中南米のバロック建築がある。

7　たとえば37参照

87 バルセロナのグエル公園　スペイン4

アントニオ・ガウディ[1]は、一九世紀末から二〇世紀のはじめにかけてバルセロナを中心に活動した建築家である。かれは当時のヨーロッパの新傾向の建築家のなかでも、とりわけ個性豊かな人物であった。かれはよく「有機主義」[2]の建築家とよばれる。しかしガウディの建築は有機主義というよりも、もっと広く「自然主義」とよぶほうが適切である。

たとえば上図はガウディの設計したグエル公園[3]の遊歩廊《ポルチコ》Aとよばれる部分である。斜面の高低差を利用し、片方を壁、他方を吹き放しの列柱とした一種のトンネルである。内面はコンクリートで固めてあるが、自然石を不規則に貼っているので、まるで自然の洞窟のようである。傾いた円柱は樹木の幹のようにもみえる。とくにこの写真では柱に本物の植物の根が巻きついているため、人工物とは思えない。

つぎに下図は遊歩廊Cとよばれる部分で、三本柱の吹き放しの廊下の屋上が遊歩道になっている。部材の全面に土色の石が貼ってあり、柱のあちこちには大きな瘤《こぶ》を突出させ、上部に円く張り出した腰かけを支える円錐形の部分や、その間の植木鉢は自然石の塊りのようであり、手摺の組子《くみこ》は細い自然石をX形に組んだものである。それらは人間の手による構築物とはいうものの、材料の点からも、形態の点からも、自然物にきわめて近い。これらの遊歩廊をみていると、自然の土や石が何かの偶然で人間の構築物に似てしまった、という感じがする。いわば自然と人工の中間物である。

このように自然と人工の境界を曖昧にし、あるいは境界を撤廃しようとする自然主義は、日本にもあった。茶室建築はその代表的なあらわれである。したがってガウディの設計態度は、基本的には茶室建築の理念と同じだといえる。ただ違うのは、日本の自然は湿った温帯の自然であるが、ガウディの周囲の自然は乾いた亜熱帯の自然であった点で、その相違が作品の具体的な形態にあらわれているのは当然である。

1　Antonio Gaudí y Cornet（1852—1926）
2　Organism　生物の形態や，その構成原理を建築に模倣しようとするゆき方。F.L.ライト（108参照）もこの傾向があった。
3　Parque Güell, Barcelona　1900—'14

195——194

88 ニームのメゾン・カレー　フランス1

南フランスのローヌ河流域はローマの植民地として早くからひらけた土地であった。ニームはその中心都市のひとつで、泉の公園、ダイアナの神殿、闘技場などの古代ローマ遺跡があり、郊外には有名なポン・デュ・ガールの水道橋がある。

現在、メゾン・カレー[1]は混み合った町なかに建っているが、ローマ時代はここがフォルム[2]であったと思われる。帝政最初期の建築で、現存するローマ神殿のうち最もよく保存されたものの一つである。

（図）長方形プランで西面し、高い基壇《ボディウム》の上に立つ。階段は基壇の前面部を切り欠いたような形につくられ、ギリシア神殿の基段《ステュロバス》が全周にまわっていた[3]のとは大変違う。前面に円柱を立てた吹き放しの玄関を設け、側面と背面は壁に付柱《つけばしら》[4]をつけるだけとする。これもギリシア神殿で列柱を周囲全体にめぐらしたり、あるいは前後に同形の玄関をつけていた[5]のと異なる。すなわちローマ人は、造形上の関心を前面に集中してとくに丁寧に扱い、側面や背面を簡略化したのである。また一方、列柱には最も細く高いコリント式の円柱を用いているため、基壇の高さも加わって、聳え立つようなけわしい正面観をつくり出している。これを、同じく正面六本柱のギリシア[6]神殿と比較してみると特色は明瞭で、静かな安定性を好むギリシア人と、真正面から人に蔽いかぶさってくるような迫力を求めたローマ人との造形感覚の相違がよくわかる。それだけでなく、ローマ人は細部の豪華さに刺戟をもとめた。豊かなコリント式柱頭はアカントス[7]の葉が勢よく上に開き、その上の水平材中段の彫刻帯《フリーズ》には一面に高肉の連続唐草文を飾る[8]。軒先の下面にS字形の持ち送りをならべるのもローマ人の創案で、これはその比較的早い実例である。

このようにメゾン・カレーは好手好みではあるが、帝政末期の装飾過剰のだらけた作品にくらべれば、まだ節度と緊張感が充分に感ぜられる。ローマ建築中の佳作である。

1　Maison Carrée, Nîmes　「四角い家」という意味の俗称。B.C.19ごろ。中世以後キリスト教会堂として用いられていた。
2　75注2
3　たとえば70の図，72上図参照
4　付柱　独立円柱の半分もしくは¾，¼などの断面をもつ部材を壁面にとりつけたもの。
5　70参照

197——196

6　71，75参照
7　52注5
8　ただし正面の部分は削りとられている。

89 ランスの大寺 フランス2

ゴシック建築は、ギリシア・ローマ建築に相対する西洋建築史上の一大高峰である。ゴシック[1]が発生し、展開した中心地はフランスで、とくに北部フランスが指導的な役割りを演じた。ロマネスク[2]から出発して、フランス・ゴシックが独自の形式を完成したのは一三世紀である。多くの都市に当時の実例をみることができるが、ここではそのうち最盛期の特色を完備した代表例として、ランスの大寺[3]をあげよう。

図は大寺の西正面である。高い鐘塔が左右対称に立ち、教会堂全体の門のようにそびえる点はエジプト神殿のパイロン[4]に似ている。三つの入口のアーチは尖頭形で、ヨーロッパではこれが、ゴシックの最も目立つ特色である。入口の周囲は洞窟の入口のように壁が段さがりになっていて無数の彫像がつき、その上部は急勾配の破風《ゲーブル》となる。中層は突出した垂直の控え壁《バットレス》[5]で三つに区切り、中央に大きな円窓を開き、左右は細く高い吹き放し窓とする。これらの窓の組子装飾《トレサリー》[6]は、石造とは思えないほど細く精巧である。つぎの段には龕《ニッチ》が横にならび、歴代フランス王の彫像をおさめる。最上段は鐘楼で、異常に丈の高い吹き放し窓により、鳥籠のように周囲をかこんでいる。そしてこれらのアーチはすべて尖頭形で、上に急勾配の破風飾りがつき、それらの間には針のような尖塔が立つ。

このように、ランス大寺の西正面を支配しているのは垂直線である。しかも、下から上へ向かう垂直線である。各層の境目などには水平線もみえるが、それらは控え壁で寸断されたり、破風で隠されたりして、効果を弱められている。開口部はすべて細く高く、アーチも破風も尖塔も一せいに天を突き刺し、垂直線の網に織りこまれる。また破風や尖塔の周囲と頂上には、点々と鉤《かぎ》状の拳葉《クロケット》[7]がつき、これが各部分の輪郭線をかき乱し、形態と周囲の空間を融合させている。ここではギリシア・ローマ建築とは全く違った造形原理が支配しているのである。

1 Gothic
2 78, 79, 95, 103参照
3 Cathédrale(Notre-Dame), Reims 1211—'90。ただし鐘塔（高さ81.4m）は15世紀初めに完成。
4 61上図参照
5 84注6
6 Tracery

7　Crocket　かぎという意味。日本語は，植物の若葉が巻いたようなその形からきている。

90 ボーヴェーの大寺　フランス3

ボーヴェーはパリの北方約七〇キロのところにある小さな町で、二、三の中世の教会堂や、同じころの司教館・裁判所などがある。この町の大寺[1]は、フランボワヤン[2]すなわち末期ゴシック様式の代表例であるばかりでなく、最高の内部空間をもつゴシック教会堂として著名である。ただこの寺院の建設は未曽有の冒険的大工事であったため、中途で崩壊したりして、いまだに未完成である。すなわちクヮイア[3]とトランセプト[4]を含む東半分ができただけで、西半分はまだない。そのため現在ではトランセプトの南端が主な出入口になっている。

図は大寺の内部で、一番手前がネーヴ[5]、その奥のやや高いところがクヮイア、その奥にみえているのが祭壇である。祭壇の背後はアーケード[6]が半円形にとりまき、このアーケードはクヮイアの両側まで続く。アーケードの外側は巡拝廊《アンビュラトリー》で、さらにその外側には放射状に小アプス[7]がつく。このような平面構成はフランス・ゴシックに共通のものであるが、この教会堂の卓越性は内部空間の「高さ」にある。

床面から天井の頂点まで四八メートル。日本でいえば一七、八階建てのアパートがすっぽり入る空間である。天井はリブ[8]のついた石造交叉ヴォールトで、この天井の上を木造の勾配屋根が蔽っている。天井の下にならんでいる細く高い窓は柱から柱まで一ぱいに開かれ、壁の部分はほとんどない。この点は最近のガラス張り建築に似ている。ただし現在、ガラスは大部分透明のものが用いられているが、もとは全面ステンド・グラスで、幽玄な青や赤の光を堂内に漂わせていたであろう。下方のアーケードも細く高い。アーチの内面は複雑な繰型からなり、柱も、細い円柱を束《たば》ねた形をしていて、垂直性を強調する。円柱の柱頭はコリント式から変化したものであるが、ここでは竹の節《ふし》程度にしかみえない。すべての細部が「高さ」を表現するために奉仕している。これがゴシックの内部空間の究極の姿である。

1　Cathédrale(St.Pierre), Beauvais　1227以後，現在のクヮイアは1284以後。
2　Flamboyant　開口部の組子装飾（トレサリー）が火焔のような形をしているので，こうよぶ。
3　Choir　元来は合唱席の意味であるが，もっとひろく，合唱席の周囲を含めた祭式の場全体をさすことも多い。この場合は後者。
4　77参照
5　77参照

6　80注 3
7　77参照
8　78注 5

91　アンボワーズ城　フランス4

西部フランスのロワール河流域には数多くの古城がある。この地方は、ゆるやかに起状する地形と水と緑にめぐまれた田園地帯であるが、その風景に豊かな情趣を添えているのがこれらの古城である。これらの城はヴァロア朝のフランス諸王や貴族たちにより、一五世紀から一六世紀にかけて造られた。

アンボワーズ城[1]は、そのうち比較的初期のもので、一五世紀末にシャルル八世[2]によって築かれた。ロワール河の本流にのぞむ小高い台地上にあり、もとは多数の建物からなっていたが、現在遺っているのは王の居館、二つの円櫓《やぐら》、礼拝堂等である。図は円櫓から王の居館の北側をみたものである。ここでまず目につくのは急勾配の屋根と、その屋根から突出した屋根窓、屋根窓の破風を飾る尖塔、その後に立つ煙突などである。すなわちこの建物の上には、いろいろのものが針山のように沢山突き立っているのであって、これが建物の輪郭線《シルエット》を特色づけている。このような輪郭線は、ロワール河流域のすべての城にみられるもので、ギリシアやイタリーの建築の明快な三角破風、一直線の軒などとは全く異質である。また壁面各部の扱いをみると、窓が十字形や**キ**字形に区切られているのは末期ゴシックの手法であり、窓の上の小庇《こびさし》、窓の間の控え壁《バットレス》[3]、屋根階の手摺、屋根窓の破風や、それらを飾る植物彫刻などは、ゴシックの寺院建築とすこしも異なるところはない。

一五世紀末といえば、イタリアではすでにルネッサンスの最盛期である。この時代にもフランスではゴシックが継続していたのである。そして、このアンボワーズ城ではまだゴシック風な気分が濃厚であるが、ブロワ城・シャンボール城と時代が下るに従い、イタリア・ルネッサンスの影響によるローマ式要素が明瞭になってゆく。また不規則であった配置も次第に対称性が強くなる。このようにして詩情豊かな中世風の城《シャトー》は、豪奢な近世の宮殿《パレ》へと発展してゆくのである。

1　Château Amboise　1492以後。
2　CharlesⅧ（在位1483—'98）
3　84注 6

92 ブーレーの大教会堂案　フランス5

ブーレー[1]は第二次大戦後急に有名になった建築家である。かれは一八世紀末のフランスの建築家であるが、ルドゥー、ルクーらとともに、特に「革命的建築家」[2]とよばれる。その理由は、かれらの設計した建築に、単純な直線や平面、球や立方体などの幾何学的形態からなるものがあり、それが二〇世紀前半にル・コルビュジエ[3]などの設計した建築にやや似ているからである。すなわちブーレーらは、いわゆる近代建築の遠い先駆者と見なされ、その点が注目されるようになったのである。

ところがブーレーの設計した建築のうち、実際に建てられて現存するものはあまりない。ただ計画案の図面はかなり保存されている。ここではそのうち、大教会堂[4]の計画案をあげよう。それは厖大な規模の建築で、正十字形のプランをもち、四方に同形の玄関をつけ、中心に高いドームを置く。上図は一方の玄関のすぐ内側から奥をみたところである。三本のヴォールト[5]天井が奥へ続いているが、中央のヴォールトの中ほどのやや白くみえる部分が中心ドームのある場所である。下図は中心ドームの下を近くからみたところで、正方形の大広間の床《ゆか》が高くなっており、その中央に祭壇がおかれ、今や聖体拝受《コルプス・クリスティ》の儀式が行なわれているドラマティックな光景を示す。

しかしドームを中心とする正十字形プランは、ルネッサンス時代のサン・ピエトロの計画[6]と同じである。格《ごう》天井のドーム[7]やヴォールト、また円柱やその上の水平材の形は、古代ローマ以来のものである。したがってこの計画案は、すくなくとも要素的にはルネッサンスの継続であり、あるいは古代ローマの模倣ということになる。しかしこれは当然である。ブーレーをとりまく当時のヨーロッパの建築界全体がそうであり、かれもまたその時代の建築家の一人だったからである。ただここに掲げた図面がわれわれに強い感動を与えるのは、かれが並々ならぬ芸術的才能の持主だったことを物語っている。

1　Etienne-Louis Boullée（1728—'99）
2　Revolutionary Architects
3　次項参照
4　Une Métropole　ただしどこの教会堂のための計画案か明らかでない。
5　29注6
6　82参照
7　76下図参照

205——204

93 マルセーユのユニテ・ダビタシオン　フランス6

マルセーユの町の南のはずれの住宅地に「ル・コルビュジエ」というバス停留所があり、ユニテ・ダビタシオン[1]はそのすぐそばに建っている。土地のひとはこれを「輝く都市《シテ・ラデューズ》[2]」とよんでいる。(上図)

三三七世帯を収容する南北棟の一七階建てアパートで、標準住戸は二階分をしめ、しかも東西両側が外界に面するよう立体的に構成され、その間を廊下がパイプのように貫通する。この建物全体は太いピロティ[3]により地上約七メートル持ちあげられている。(下図)　外部はすべてコンクリート打ち放しであるが、ベランダの壁には赤・黄・緑など鮮やかな原色を塗っている。

この建物はル・コルビュジエ[4]の第二次大戦後における最初の主要作品で、かれの作風の転回点をなすものである。かれは一九二〇年代に、直線と平面と直方体からなる白い建物をつくることから出発した。この作風は全世界に影響を与え、国際派建築[5]とよばれるようになり、第二次大戦前の西洋系建築の主流となった。しかしかれの作風は、大戦を境として変化する。その最初のあらわれがこのユニテである。たとえば、かれはもともと住居をピロティで支え、その上に居室を設けることを主張してきた。しかし初期の作品のピロティはきわめて細い直線材で、建物の主体はその上に軽く浮かんでいるようであった。ところがユニテでは、ピロティを用いる点は従来の主張どおりであるが、ピロティそのものの形は全く違っている。楕円形断面で下方がすぼまり、本蟇股《ほんがえるまた》[6]のように両股をひろげて踏んばっている。その太短かい比例と打ち放しコンクリートの粗い肌は、エジプト神殿の円柱[7]のような「ふてぶてしさ」を感じさせる。それはもはや「線」ではなくて「塊《マス》」である。同様の傾向は、この建物の屋上の換気筒などの自由な曲面からなる造形にもみられる。そして、このような曲面による塊の表現は、かれの次の作品であるロンシャンの教会堂[8]で完成され、世界の建築界に空前の衝撃を与えるのである。

1　Unité d'Habitation, Marseilles　1946—'52。「住居の総合単位」という意味。
2　Cité Radieuse　この言葉は都市計画に関するル・コルビュジエの著書からきている。
3　Pilotis　杭（くい）という意味。
4　Le Corbusier（1887—1965）
5　International Architecture
6　9参照

7　62参照
8　裏見返しの図参照

94 ロルシュの修道院の門　ドイツ1

ロルシュ[1]はハイデルベルクの北三〇キロ余りのところにある小さな町で、ここには八世紀に創立された修道院がある。かつては完備した王室の修道院であったが、現在は門（上図）と教会堂などがあるにすぎない。教会堂は当初のものの前面部の一部をのこしているだけである。[2]しかしもとは、この教会堂の前に回廊で囲まれた縦長の中庭があり、現存の門は、その中庭のなかに凱旋門のように独立して建っていたと思われる。

この門は二階建てで、左右の妻にみえる円い部分の螺旋階段により、二階の礼拝堂[3]に通じている。最も特色があるのは前後の外面のとり扱いで、主要部分は赤紫色の砂岩を用いている。（下図）下層には三つの平たい円形アーチを開き、アーチの境ごとに半円形付柱《つけばしら》を立て、その上に白い石灰岩のコンポジット式柱頭[4]をのせる。上下層の境には葉を彫刻した水平帯を通し、その上に溝彫りのある小さな柱《はしら》型《がた》[5]を立て、白石灰岩の柱頭をのせる。この柱頭は、コンポジット式を平たく押しつぶした特殊な形である。その上には真直ぐな石を合掌《がっしょう》[6]形に組んでジグザグ状とし、頂点で軒桁を受ける。地の平らな壁面は、赤・黄・灰色などの砂岩を用いて、正方形や六角形を組み合わせた派手な文様をあらわしている。

この門がつくられたのはフランク王国のチャールズ大帝[7]の時代である。それは文化史上、カロリンジアン・ルネッサンス[8]とよばれ、ゲルマン民族が野蛮状態から脱しようとして、古代ローマ文化の再興につとめた時代である。この門のアーチや付柱の形はそのような努力のあとを示している。しかし上部の合掌形はローマにはなかったもので、これはおそらく木造の形からきている。すなわち、ゲルマン民族の故郷である北欧の森林地帯の木造建築の伝統が、このような形であらわれたものであろう。また壁面の平面的な幾何文様も、ゲルマン民族の素朴な美的感覚を示しているようである。

1　Lorsch
2　下図の門のアーチごしに教会堂の一部がみえている。これらの建物は767年に着工された。
3　木造床，ヴォールト形天井で，８世紀と14世紀の壁画がある。
4　66注６
5　36注３
6　54注８

7　Karl der Grosse (742—814)
8　Carolingian Renaissance

95　ヴォルムスの大寺　ドイツ2

ライン河の流域にはロマネスク時代の大規模な教会堂が多い。それらの教会堂には、一一、一二世紀のものばかりでなく、一三世紀に下るものもある。すなわちドイツでは、フランスでゴシック建築が最も盛んであった時代にも、依然としてロマネスク建築が行なわれていたのである。これは当時のドイツ文化の後進性のためという見方もあるであろうが、一面では、ロマネスクがドイツ人の気質にぴったり合致していたことを物語る。そのようなドイツ人の気質を最もよく表わしたロマネスク建築の例として、ヴォルムス大寺[1]をあげよう。

ドイツ中世の教会堂は東・西両端に内陣を設けるのが普通である。したがって入口は西端にはなく、ヴォルムスの場合は南側の中ほどに玄関がついている。また八角の大塔が東西にあり、左右一対の鐘塔も東西にある。鐘塔はすべて円形であるため、それらが堂の四隅に建っている状態は、ちょうど城郭建築で円櫓《まるやぐら》が四方を固めているようである。すべてこの地方特産の暗赤紫色の石材で築かれており、幽玄で厳粛な雰囲気が漂っている。

外面にはほとんど彫像の類をつけていない。ただ東端の上層の窓台に古拙な獅子や人物像を彫り出しているのは珍しい。壁の上部に小型のアーケードをめぐらすところは北イタリアのロマネスク[2]に似ているが、この堂のものは骨太《ほねぶと》でごつい。西端部(図)の多角形のアプス[3]には四つの円窓を開く。中央下の大きい円窓は放射状の組子をもち、蒸気機関車の動輪のようにたくましい。アプスの最下層にはアーチ形の盲窓[4]をめぐらす。その内輪に鋸《のこぎり》の歯のようなギザギザの繰型を彫っているが、これは上の水平帯の繰型とともにノルマン式[5]の細部で、イギリスや北フランスにみられるものと同様、ロマネスク建築の素朴な造形要素である。しかしそれらの細部も、ここでは特別重厚である。ドイツ人は「重い血」の民族とよばれるが、この建物の暗赤紫色の石材には、かれらの重い血液が滲みこんでいるような気がする。

1 1　Dom(St.Peter), Worms　1110—'80。ただし西端部は1230。
2　78参照
3　77参照
4　43注3
5　103参照

96　ランツフートの聖マルティン教会　ドイツ3

ドイツではロマネスク時代が永かったため、初期ゴシック・盛期ゴシックの建物はあまりなく、ゴシックといえばほとんどが末期ゴシックに属する。そしてこの時期の教会堂の大体の形式は、フランスのゴシック教会堂[1]と同じである。しかしドイツ独自の点も少なくない。そのような例としてランツフートの聖マルティン教会[2]をあげる。

ランツフートは南ドイツに多い中世風な町のひとつである。聖マルティン教会は壮大な赤煉瓦造の建築で、西端に一本の高い塔[3]が立ち、主な入口は北側にある。図は教会の内部で、ネーヴ[4]からクヮイア[5]の方にむかって仰視したものである。この内部空間の最大の特色は、中央のネーヴと両脇のアイル[6]の天井の高さが同じである点である。一般のバジリカ式教会堂[7]ではネーヴよりもアイルが低く、両者の段違いの部分に窓を開いてネーヴに採光する。しかしこの場合は段違いがないから、アイルの外壁に高い窓をあけ、ネーヴまで光線が達するようにしている。その結果、ネーヴとアイルは単一のひろびろとした空間に合体した印象を与える。このような形式の教会堂は広間型教会堂《ハルレンキルヘ》[8]とよばれ、ドイツ末期ゴシックのひとつの特色をなす。

しかし、ネーヴとアイルの境に立つ白い石造の柱が極端に細い点も、このような空間の融合に貢献している。それらの柱頭は著しく退化しており、柱の垂直線はそのまま淀《よど》みなく天井ヴォールトのリブ[9]に移行する。リブも細い。アイルの天井のリブは星形になっているが、ネーヴの天井では互いに交叉して網状をなす。これがいわゆる網状ヴォールト[10]で、南ドイツからオーストリア・チェコなどで好んで用いられた手法である。キリスト磔刑像の向うにみえているクヮイアの天井では、この網状ヴォールトがとくに複雑になり、リブの間の曲面は彩色して青地に金色の星を散らしている。この教会堂の内部には、暗く重々しいロマネスクの内部空間とは全く違った、軽くて爽やかな空気がみなぎっている。

1　89, 90参照
2　Sankt Martin, Landshut　1392—1432。建築家はブルグハウゼン。
3　塔の高さ133m
4　77参照
5　90注3
6　77参照
7　77参照

8 Hallenkirche
9 78注 5
10 Netzgewölbe

97 オットーボイレンの修道院教会堂　ドイツ4

ドイツには、イタリアの初期ルネッサンスや盛期ルネッサンスに相当する建築は少ない。全般的な流れからすると、末期ゴシックから一足飛びにバロックにつながるような印象をうける。ただしバロック建築も全ドイツにひろがったわけではなく、大体において中部から南部ドイツが主な舞台であった。うちでもとくにバイエルン地方には、バロック式の宮殿や教会堂や修道院が無数にある。

当時、この地方ではまだカトリック教の勢力が強く、大規模な修道院がいくつも建てられた。われわれが普通「修道院」という言葉から連想するのは、暗く狭い質素な空間であるが、そのころの修道院は宮殿のように壮大豪華な建築である。アルプス山地に近いオットーボイレンの修道院は[1]、そのうちでも最大級の実例である。ベネディクト派に属し、創立は八世紀にさかのぼるが、現存の建物は一八世紀に全面的に改築されたものである。小高い敷地を占め、総三階建ての本館の横に南北棟の教会堂が付属する。

上図は付属教会堂の内部である。幅約二〇メートルのひろびろとした空間で、天井は手前が中央の円形ドーム、つぎが楕円形ドームで、それぞれ天井画を描く。随所に漆喰作りの彫像や葉飾りをつけ、絵画と建築細部の境界をかき乱している。とくに祭壇や説教台は複雑きわまりない形態の乱舞を示す。下図は中央ドーム下の四隅の支柱の一つをみたものである。この図で明らかなように、主要な建築部分はすべて白漆喰仕上げである。円柱は、滑らかに磨いた斑文のある大理石を用いる。柱頭はコリント式[2]の変形で、その葉飾りは、切れぎれの布が風にひるがえっているようである。他の部分の漆喰装飾[3]も大体これと同じ調子で、白と金色に着色され、ひらひらと浮動するようにみえる。このような形象の動きは堂内のあらゆる部分にみられるのであって、それらが合体して一大交響楽となり、内部空間いっぱいに騒然とひびきわたるのである。

1　Klosterkirche, Ottobeuren　1738—1802。建築家はJ.M.フィッシャー，漆喰装飾はJ.M.ファイヒトマイル。
2　52，73参照
3　この種の装飾はロカイユ Rocaille とよばれる。後期バロックのことをロココ Rococo というのは、このロカイユが用いられるからである。

215——214

98 ポツダムのアインシュタイン塔

ドイツ5

　ポツダムはベルリンの西南郊外にある町で、現在東ドイツに属する。小高い丘の上に地球物理学研究所があり、そのなかの木立ちに囲まれてアインシュタイン塔[1]が建っている。(図) この建物はアルバート・アインシュタインの発表した相対性理論を検証するためにつくられたもので、頂上の回転ドームから天体の光をとりいれ、鏡で垂直に下方へ導き、地下室でその光を分析する。つまり、建物全体が一つの大きな天体望遠鏡である。建築の主要部は煉瓦造で、床《ゆか》には鉄骨の梁を用い、外面はモルタルで仕上げ、表面に白色塗料を塗っている。

　特徴があるのはその形態で、平面も立面も曲線的である。壁はすべて曲面である。窓や入口は凹曲面で縁《ふち》どり、建具は壁の曲面に合わせて取りつけてある。庇や樋《とい》も、壁面から連続した曲面でできている。頂上のドームも他の部分に調子が合っている。全体としてみると、なにか一種の爬《は》虫類が首をもたげて、うずくまっているようでもある。しかし動物にせよ、植物にせよ、自然物を直接模倣したと思われる点は少しもない。純粋に抽象的な曲線・曲面の構成である。

　建築物の外壁に曲面を用いるのは、すでにバロック時代のボロミニ[2]の作品にもみられた。しかしボロミニの場合には、まだローマ式の円柱や、繰型のついた水平材《エンタブラチュアー》が用いられている。アインシュタイン塔には、そのような過去の様式の名残《なご》りも全く見出されない。設計者エーリヒ・メンデルゾーン[3]は第一次世界大戦中、兵士として従軍し、その間に沢山の建築スケッチを描いている。それらをみると、自動車や電気器具や光学機械などからヒントを得たと思われるものが多い。第一次大戦後の建築家のなかで、メンデルゾーンと同様、過去の様式を模倣せず、抽象的な形態で直接自己の心情を表現しようとした一群の人びとは表現派[4]とよばれている。アインシュタイン塔は、そのような表現派全体の作品のうち第一級の名作である。

1　Einsteinturm, Potsdam　1924
2　83参照
3　Erich Mendelsohn (1887—1953)
4　Expressionist

99 デュッセルドルフのティッセンハウス　ドイツ6

二〇世紀のはじめ、新しい建築美の世界を開拓しようとして、多くの建築家がさまざまな試みを行なった。そのなかには前項のアインシュタイン塔のように、曲線・曲面を主とする作品もあった。しかし大勢は、直線・平面を基本とする造形的傾向へと進み、第二次大戦前にはそれがほぼ世界中の西洋系建築の主流となった。[1]このような動きのなかにあって、直線・平面主義を究極まで推し進めたのがミース・ファン・デル・ローエであった。[2]デュッセルドルフのティッセンハウスは、[3]かれの作風を継承し、しかもそれを一つの方向へ展開した傑作として注目に価する。

　ティッセンハウスは三つの部分からなるオフィスビルである。(図)　中央部分にはエレベータ・階段などの公共部分と事務室があり、左右の部分はすべて事務室である。このビルの特色の第一は、上記の三つの部分が三枚の板のように薄い[4]ことである。しかもそれぞれの独立性を強調するため、接合部を溝のように凹ませ、ガラスを張っている。これは建築物を立体的な塊《マス》と考えず、薄い「面《めん》」とみなす態度を示している。特色の第二は、三部分ともに、平《ひら》側を全面ガラス張りとし、妻《つま》側は全面にステンレス板を張っている点である。これは板の表面と切り口とをはっきり区別し、塊量性を感じさせないためである。特色の第三は、三つの部分を対称的に配置せず、少しずつずらしてある点である。写真についていえば、中央部分が一番突出していて、しかも高く、右方部分がやや奥に入り、左方部分は最も後退していて低い。その結果、ちょうど日本のいけ花の構成のようにみえる。非対称性は二〇世紀建築の一つの傾向ではあるが、これほど高らかに非対称性を誇示した建築は稀である。

　ステンレスの角型波板を縦張りにした非対称の妻壁に、日光が当たって眩しく輝く有様は実に素晴らしい。内部もこれに調子を合わせ、無色の金属板で構成された空間が、冷たく清潔である。

1　93参照
2　107参照
3　Thyssen-Haus(Hochhaus für die Phönix-Reinrohr AG.), Düsseldorf 1957—'60。競技設計の当選作で，設計者はH.ヘントリヒとH.ペチュニッヒ。
4　中央部分は26階建てで妻壁の幅は7.1m，左右部分は23階建てで妻壁の幅は6.0m。

100 ウルネスの木造教会堂 ノルウェー1

ノルウェーには古い木造教会堂が多い。それらは大てい峡湾《フィヨルド》の奥の交通不便な部落に遺っている。ひとつの部落の人びとが礼拝に集まる程度のものであるから、みな小規模である。しかし石や煉瓦を主材料とする西洋建築文化圏のなかの特色ある木造宗教建築として、注目する必要がある。

ウルネスの教会堂は、[1]ノルウェー西海岸から深く入りこんでいるソグネ・フィヨルドの奥端に近い入江に突出した山の中腹に建っている。この建物の主要部は一三世紀初期のもので、内部の木製円柱の柱頭の素朴な図像彫刻なども興味深い。しかし最も重要なのは、この教会堂の前身である一一世紀の教会堂の彫刻つき部材の一部が、現在の建物に転用されていることである。

上図は、現教会堂の北側の壁の羽目板に用いられている旧部材を示したものである。右手のアーチ形の凹みのある部分は、当初はおそらく西正面の中央に嵌《は》められていたものと思われる。(下図の復原図[2]参照) その左手の二枚の彫刻つきの板は、もと南側入口の両脇の部材であろう。これらの材の表面の装飾彫刻は、一見唐草文様のようであるが、実は動物文様である。四足獣のような爬虫類のような空想的動物が、嚙《か》み合い、絡《から》み合っている。動物の間を縫《ぬ》って細い植物の蔓《つる》が走る。この建物の西北隅に再用されている円柱の表面の高浮彫りや、西妻壁上部の羽目板の文様も、これと同性質のものである。幻想的なこの種の文様は、とくに「ウルネス様式」とよばれ、ヴァイキング時代の遺物や、アイルランドの古美術との関連性がしばしば指摘される。いずれにせよ、最大の特徴は動物を主題とする点であって、植物文を主とするエジプトやギリシア系統の地中海文化圏[3]とは別系統の北方文化の産物であることは疑いない。しかも下図にみられるように、この種の独特の装飾彫刻によって教会堂の外面の相当部分が蔽われていたことも注目すべきで、当時の北方民族の造形文化の豊かさを物語っている。

1 Stavkirke, Urnes 13世紀初期。ただし17世紀の初めクワイアが拡張され，18世紀の初めに八角屋根の尖塔がつくられた。

2 復原図はR.ホーグリッドによる。

3 たとえば52，55参照

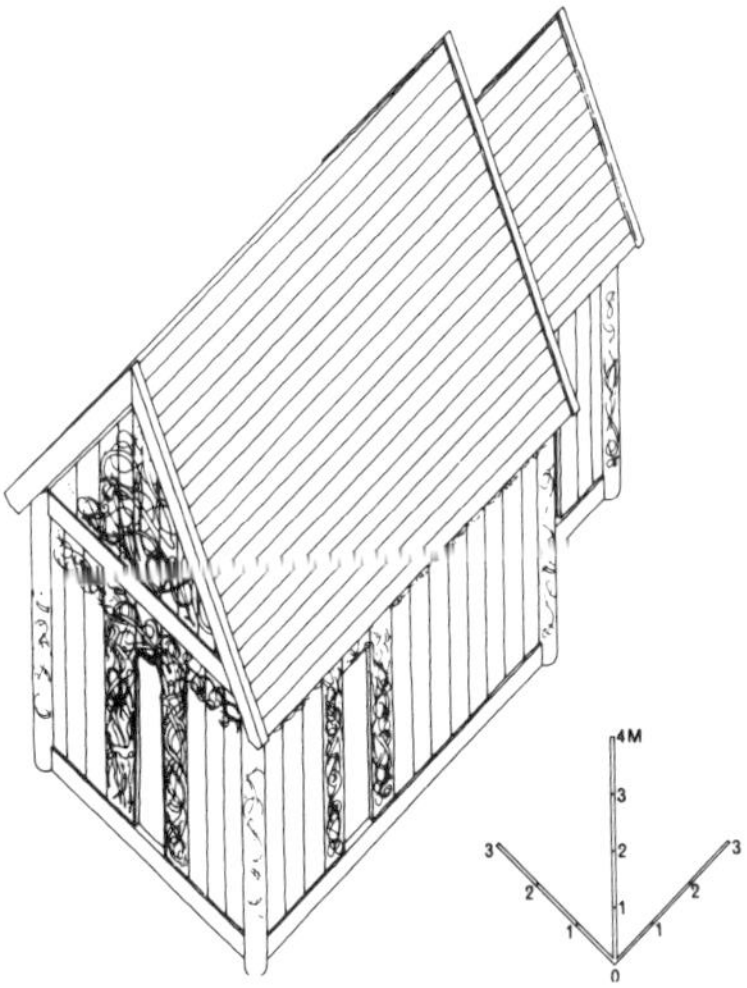

221——220

101　ボルグンドの木造教会堂　ノルウェー2

中世末のノルウェーには木造教会が八百あったといわれるが、現存しているのは三〇棟余りである。そのうち最も完備した形態をもち、当初の部材をよく保存しているのはボルグンドの教会堂[1]である。

ボルグンドはソグネ・フィヨルドの奥端に近い谷合の村である。教会堂は一三世紀前半の建築で、複雑な形をしているため写真では大きく見えるが、こじんまりした建物である。(図)　左手が西正面で玄関があり、南北にも脇玄関がつき、右手の奥にクワイア[2]と円いアプスが突出する。屋根は全部で六重になっていて、六重の塔のようである。しかし上部の三重は塔で、下の三重が建物の本体である。本体の部分についてみると、左方に大きな妻壁をみせている切妻の部分が構造の中核で、日本建築の母屋《もや》[3]に相当し、その周囲を低い裳階《もこし》[4]が二重にとり巻いているのである。その結果、外観は三階建ての形になっているが、内部では、中央部分が最も高いネーヴ[5]、その周囲がアイル[6]で、さらにその周囲を低い回《まわ》り廊下がめぐっている。つまり、基本的な構成原理は日本・中国の木造建築と同じである。ただ細部についてみると、開口部その他のアーチの形や円柱の形は石造建築の模倣である。

屋根はすべて鱗形《うろこ》に切った厚板を重ねて葺き、壁面にも同じ形の板を重ねて貼っている。屋根で目立つのは、切妻屋根の棟の端に突出した「竜の頭《ドラゴン・ヘッド》」である。これは上顎《あご》・下顎・舌などの形をした木片を組み合わせ、たてがみ等を彫刻したものである。しかし、それが何の模写であるかは別として、全体の造形的効果からすると、中国の鴟尾《しび》[7]や日本の鯱《しゃち》[8]、タイのチョファ[9]などと同性質のものである。それらはいずれも棟の末端を上方へ跳ね上げる視覚的効果をもつ。ただノルウェーの中世建築に東洋建築が影響したとは到底考えられないから、これは別個に発達したものとみなければならない。ユーラシア大陸の東西両端に類似の現象がみられることは、とくに注意をひく点である。

1　Stavkirke, Borgund　全長約16m，全高約19m。
2　90注３
3　５参照
4　裳階　庇（５参照）の屋根が，母屋（同前）の屋根と段違いに葺かれているものをいう。６，８，20の図を参照。
5　77参照
6　77参照

7　7，22参照
8　10参照
9　28参照

102 ストーンヘンジの巨石建造物　イギリス1

巨石記念物とよばれるものは世界各地にあるが、そのうちストーンヘンジ[1]は最も雄大な構成をもっている。青い芝生で蔽われたひろびろとした野原にあり、主要部は直径約一〇〇メートルの円形の濠《ほり》と土手で囲まれている。中心部の建造物の最外側には、柱の上に水平材をのせた石柵をめぐらす。(上図)石柵の内側には小さな石を立てならべた輪があり、その内側に三つの石を鳥居形に組み合わせたトリリトン[2]が五つ、北に開いた馬蹄形に配置されている。(下図)トリリトンの内側にまた小さい石を立てならべ、その内部の南端に平たい祭壇石を置く。主な石材は相当程度加工されており、柱[3]は長方形断面で、膨らみをつけて上細りとし、水平材はとくに精確な矩形断面に仕上げている。柱の頂部には、ほぞを造りだし、水平材下面の孔に嵌めこんでいる。

この壮大な施設が、どのような目的に使われたかは明らかでない。太陽崇拝と関係があり、天文台と神殿を兼ねたものであったとする説もある。しかし建築的にみて第一に注目される点は、施設全体が同心円状に構成されている点である。一般に、平坦な土地に陣地や集落をつくる場合、防禦上最も有利なのは円形である。中近東の古代・中世の円形都市や、西欧のルネッサンス以後の星形都市などは、この系列に属するものである。この意味でストーンヘンジは、都市計画のひとつの原型を示すものといえる。

第二に注意したいのは架構[4]の形である。石柵でもトリリトンでも、柱が極端に太く、その上の水平材が著しく細い。その太さの違いはエジプト神殿の場合[5]よりも、はるかに激しい。日本の古い石造鳥居にも、柱が太く水平材の細いものがある[6]が、これとは比較にならない。ここではまだ、垂直材と水平材を組み合わせて四角の「枠《わく》」をつくるという考え方が充分発育していないのである。単に石を積み上げただけの塊《マス》に近い。そこにわれわれは、架構概念の最も素朴な段階をみることができる。

1　Stonehenge, Wiltshire　ストーンヘンジは，もと「石の絞首台」という意味かといわれる。B.C.1800—1400ごろ。

2　Trilithon「３つの石」という意味。

3　最大の柱石の高さは地上6.7m，地下部分2.4m，重量45トンといわれる。石材は一種の硅質砂岩。

4　５参照

5　62参照

6　たとえば山形県下にある12世紀ごろのいくつかの石造鳥居は，水平材が細く，柱が異様に太い。

103　ブリストル大寺のチャプター・ハウス　イギリス2

イギリスのロマネスクはノルマン式[1]とよばれる。これは時代的に、大よそノルマン人がイギリスを征服した時期[2]に相当するからである。初期のものはごく簡素であるが、成熟期には独自の造形美を完成した。その成熟期の作品の例としてブリストル大寺のチャプター・ハウス[3]をあげよう。

ブリストルの大寺は、公共建築の集まっている丘の上にある。大寺の主要部はゴシック式であるが、南側に接続しているチャプター・ハウスはノルマン式である。チャプター・ハウスというのは修道院の僧侶の会議室で、イギリスでは正八角形プランなど放射状の構成をもつものが多いが、ブリストル大寺のものは東西方向の小さな長方形の室[4]で、西端に玄関がついている。主室は、二区の半円形交叉ヴォールト[5]天井をかけ、入口側以外の壁の下に長い腰かけをつくり、その背もたれのところを龕《ニッチ》のように凹ませている。すべて黄色の石材を用い、精巧な装飾彫刻を施す。図は腰かけの上方の部分である。中央付近にみえる柱の柱頭はノルマン式独特のもので、元来は半球の四方を垂直に切り落とした簡単なものであったが、ここでは何本もひだをとった形に発達している。これらの柱頭はジグザグ形の繰型をもつ三本のアーチをうける。左右には交叉アーチをもつ盲アーケード[6]が続き、柱もアーチも捩《ねじ》って点々状の繰型をつける。その上部の壁面は、編み目を立体的にあらわした斜め格子などで埋めている。

きらめくように華麗な装飾彫刻であるが、植物・動物などの形は一切用いず、すべて純粋の幾何文様[7]である。幾何文様はイスラム圏でも発達しているが、ここまでは徹底しなかった。もともとノルマン式装飾の基礎となっているのはジグザグ文などの簡単な図形で、これは世界各地の原始美術にみられるもの[8]と同じである。しかしノルマン式はそのような段階にとどまらないで、修飾と洗練を加えながら一《いち》途《ず》に発展させ、高度の美的水準にまで到達した稀有《けう》の例である。

1　Norman Style
2　1066年
3　Chapter House, Cathedral, Bristol　12世紀半ば。
4　内法5.4m×9.2m
5　78注6
6　列柱の間もアーチの内側も壁になっているアーケード（80注3）
7　たとえば45下図，64参照

227——226

8　1，46参照

104 ソールズベリ大寺　イギリス3

イギリスはフランスとならんで、ゴシック建築を積極的に発展させた国である。しかしイギリスのゴシックと、フランスないしドイツ・スペインなど大陸諸国のゴシックとでは、共通性がある半面、異なる点も少なくない。

たとえば空間のとり扱いについてみると、フランス・ゴシックの教会堂の内部は幅が広く、天井が高く、一つにまとまった大空間をつくろうとする傾向が強かった[1]のに対し、イギリス・ゴシックでは幅が狭く、奥行が深く、天井も比較的低くて、多くの部分空間を複雑に組み合わせたという印象が強い。たとえば図は、初期ゴシックの代表作であるソールズベリ大寺[2]の内部で、祭壇付近から西入口の方を見たものである。一番手前の暗い部分が僧職席《プレスビテリー》、つぎの灯りのついているところが合唱席《クワイア》で、左右の壁面にパイプ・オルガンがみえている。一番向うの明るい部分がネーヴ[3]である。祭壇から西入口まで約一一〇メートルある。いわば細長いトンネルである。しかし空間の枝分かれが多い点も注意すべきで、トランセプト[4]は二本もあり、そのため堂のプランは**キ**の字形になっている。図では、合唱席の向う側右手に第一のトランセプトの入口がみえる。またフランスでは祭壇の後方を巡拝廊《アンビュラトリー》が円くめぐる[5]のに対し、ここでは別個の聖母堂《レディー・チャペル》が四角く突出する。これらの部分の接合によって、内部空間はますます複雑化している。

イギリス・ゴシックの今一つの特徴は線条主義である。塊《マス》や面を線に分解してしまうのはゴシック全体の共通性であるが、イギリスではこの傾向がとくに強い。柱を沢山の小柱に分解した束柱、アーチの内側の複雑な繰型、ヴォールト天井のリブ[6]、それらは他の諸国のゴシックにもあるが、イギリスのものはとりわけ筋《すじ》ばり、骨ばり、節くれ立っている。なかでも天井のリブは時代が下るとともに異常に増殖し、末期ゴシック時代には扇形ヴォールト[7]などの極度に装飾的な形式にまで発展する。

1　90参照
2　Cathedral, Salisbury　主要部は13世紀半ば。
3　77参照
4　77参照
5　90参照
6　78注5
7　Fan-vaulting　柱の頂上からリブが朝顔の花のように放射する石造天井の構成。

105　フォントヒル・アベー山荘

イギリス4

ゴシックが永らく続いたイギリスでも、一六世紀の後半ごろからは、フランスやイタリアのルネッサンス建築がとり入れられるようになる。それ以後は、ひたすら古代ローマ風建築を習得するための努力が続けられ、一八世紀におよんだ。ところが一八世紀末になり、一つの別の動きが起こった。それはロマン主義[1]である。ロマン主義は中世の文化や社会にあこがれる一つの大きな思想上の動きで、当時のヨーロッパ全体にひろまった。そして建築ではゴシックを模倣するという形をとる。このような動きの中心はイギリスであった。他の国々でもゴシック建築の模倣は行なわれたが、それはキリスト教会堂や教会関係の建築にかぎられていた。しかしイギリスでは適用範囲がひろく、住宅や別荘から、ついには国会議事堂までゴシック式で建てられた。

そのようなイギリスのゴシック模倣建築の例として、フォントヒル・アベー山荘[2]をあげよう。この山荘は、ウィルトシャー州の広大な荘園の丘の上に、領主であった特異なロマン主義作家ウィリアム・ベックフォード[3]が、建築家ジェームズ・ワイヤット[4]の協力をえて建てたものである。それは「アベー」という名のとおり、中世の修道院そっくりの建物であった。十字形プランの中央に八角の高塔[5]を立て、その下部は大広間とし、四方の翼にはそれぞれ大玄関ホール、二本の長廊下と礼拝堂、応接室と食堂などをとり、外には泉のある回廊までつけた。すべて末期ゴシック式の細部で装飾されていた。図は大玄関ホールから大広間にのぼる階段をみたものである。階段の上の入口の向うに八角の大広間の一部がみえている。高い腰壁、尖頭形の窓や出入口など、ゴシック建築の特色を存分に発揮している。玄関ホールの天井は、末期ゴシック時代によく用いられた木造小屋組み[6]である。

この山荘はロマン主義者の夢を最も劇的な形で実現した建築であった。ところが一八二五年、高塔が崩壊し、廃墟と化したのである。

1　Romanticism
2　Fonthill Abbey, Wiltshire (1795—1807)
3　William Beckford (1760?—1844)
4　James Wyatt (1746—1813)
5　高さ79mあった。
6　これはハンマー・ビーム式小屋組みとよばれ，石造ヴォールト天井を木造に翻訳したもの。

106 シカゴのカーソン・ピリー・スコット百貨店　アメリカ1

カーソン・ピリー・スコット百貨店[1]はシカゴの繁華街の中心にある。鉄骨造一二階建て、白いテラコッタ[2]貼りの建物である。角《かど》地に建っているため隅のところが円い塔のようになっているほかは、平たい窓が規則的にならんでいる。(上図)ちょっとみると、第二次大戦前後の日本にありふれた小学校か病院のようである。しかし注意してみると、これらの窓の周囲や、その上下の水平帯のテラコッタには細かな花模様が隙間なくついている。そればかりではなく、一、二階の外壁面はすべて彫刻つきの黒い鋳鉄板で蔽われている。とくに隅の円い部分には、複雑な植物文からなる大柄な装飾がついている。(下図)それらの装飾は、拳《こぶし》のように巻いた葉や、もつれ合った鋭い茎や、細い蔓《つる》などで立体的に構成されており、豪華で迫力に満ちている。速度のある曲線の動きからみると、同じころヨーロッパで流行したアール・ヌーヴォー[3]の装飾によく似ている。この建物のできた年代からして、これは当然であろう。

フランス・ベルギーのアール・ヌーヴォー、ドイツ・オーストリアのゼツェッション[4]など、一九世紀末から二〇世紀初めにかけてのヨーロッパ建築界の動きは、従来の過去様式模倣主義から脱出して、それにかわる新しい装飾手法を創造することを目標としていた。この百貨店の設計者ルイス・サリヴァン[5]も、下図のような装飾物についてみれば、当時のヨーロッパの建築家たちと同じ目標のもとに歩んでいたといえる。しかし一方、装飾を極力押えた大きな横長窓は、さらにつぎの段階を暗示している。この型の窓は「シカゴ窓」とよばれ、当時シカゴで流行しはじめたもので、窓は縦長のものときまっていた時代としては、きわめて斬新であった。そしてこの窓の形は、無装飾の表面や白い直方体の構成による二〇世紀前半の建築造形の基本的要素の一つとなる。サリヴァンは、ヨーロッパ文化に追従することばかり考えていた当時のアメリカに稀な独創的建築家であった。

1　Carson, Pirie, Scott & Co., Chicago　1904
2　Terra-cotta　陶製の外装材で普通のタイルより大きく，部分により複雑な形をしたものを用いる。
3　Art Nouveau
4　Sezession
5　Louis Henry Sullivan（1856—1924）

107 イリノイ工科大学の礼拝堂　アメリカ2

シカゴにあるイリノイ工科大学の建築は、[1]第二次大戦中から戦後にかけて、ミース・ファン・デル・ローエ[2]の統一的な計画によってつくられたものである。広いキャンパスを構成する数多くの建物は、それぞれの用途などにより若干の変化はあるが、すべて一貫した設計方針でできている。ここでは一例として、学生寄宿舎に付属する礼拝堂の写真をかかげよう。本書では今まで沢山のキリスト教会堂をあげてきたので、それらと比較するのに好都合だからである。

ごく小さな礼拝堂で、[3]形は単一の直方体である。(上図) 前面は、中央の大きなガラス面と左右の煉瓦壁との三つの部分に明快に区画され、出入口は中央ガラス面の一部として扱われている。これらの三つの部分の上に一本の鉄骨の梁がとおる。灰黒色の鉄骨や窓枠は暗いガラス面に融けこみ、煉瓦壁とのコントラストが一きわ鮮やかである。これ以上単純化することは不可能な構成である。しかもここに用いられている建築材料や構造法は、研究棟や工場のものと同一であることに注意したい。内部も簡単である。(下図) 直方体の祭壇の上に金属製の十字架を立て、背後に白いカーテンを垂れただけである。

この礼拝堂の前面を、たとえばゴシックの教会堂[4]の前面と比較し、あるいは内部をバロック教会堂[5]と比較してみるならば、人間の造りだすことのできる建築芸術の世界が、いかに幅の広いものであるかがわかるであろう。建築の形態を単純化し、垂直・水平の直線や平面に還元しようとする傾向のきざしは、すでに前項のサリヴァンにもみられた。しかしミースは生涯をかけて、この方向に極限まで突き進んだ。そして最後に到達したのが、この礼拝堂のような形態であった。したがってミースの作品は、二〇世紀前半の西洋建築の究極の姿であるといえる。このようなミースの直線・平面主義に近いものとしては、世界中で他に日本近世の住宅建築[6]があるにすぎない。

1　Illinois Institute of Technology, Chicago (略称 I. I. T.)　1942—'58　礼拝堂は1952。
2　Mies van der Rohe (1886—1969)
3　11.3m × 17.7m
4　たとえば89参照
5　たとえば97参照
6　11参照

235——234

108 ニューヨークのグッゲンハイム美術館　アメリカ3

フランク・ロイド・ライト[1]は、二〇世紀前半における最も創意に富んだ建築家であった。長い生涯を通じ、それぞれの時代における最も斬新な発想を大胆に提案していった。はじめは当時のヨーロッパ諸国の建築家と同様、新しい装飾を創案することから出発した。かれの装飾手法は、他の建築家のように植物や曲線を用いず、もっぱら直線的な幾何学的形態を用いる点に特色があった。そこにはメキシコなどのアメリカ原住民の造形からヒントをえたと思われるものもある。つぎにかれは、塊《マス》や空間の自由な構成に意欲を示すようになる。建築物とは四角い箱である、という旧来の考え方に激しく抵抗し、非対称な配置、ダイナミックな外観、流動的な内部空間を追求して、ありとあらゆる試みを行なった。この種の作品には日本建築の影響も認められる。そして晩年には、初期のような装飾物は棄てさり、大まかで明快な空間構成そのものに関心を集中した。そのようなかれの最晩年の作品の例として、ニューヨークのグッゲンハイム美術館[2]があげられる。

この美術館の外観は、白い蝸牛《かたつむり》をひっくり返したようで、あまり美しいとはいえない。素晴らしいのは内部空間である。(図)　中央部は大きな吹き抜きになっており、頂上のガラス張りドーム[3]から採光している。吹き抜きの周囲が螺旋状の展示場で、吹き抜きと反対の側の壁面に絵画などがかけてある。入場者は一旦エレベーターで最上階まで上り、そこから、ゆるやかに傾斜した床《ゆか》を下りながら作品を鑑賞するようになっている。吹き抜き部分を下から見上げると、各階の手摺壁が大きくうねり、一部では円く突出している。ところどころに鉢植えの植物が垂れ、中空にはモビール[4]がぶら下がっている。これは全く他にみることのできなかった空間である。歴史的にみれば、ローマのパンテオン[5]の内部空間の展開である。また他方、この種の半外部空間——すなわち上を蔽った中庭——は二〇世紀後半に流行するが、この美術館はそのさきがけである。

1　Frank Lloyd Wright (1869—1959)

2　Guggenheim Museum, New York　1959　ソロモン・クッゲンハイムの近代美術コレクションを収蔵・展示する美術館。

3　33注5

4　Mobiles　彫刻家A.カルダーの作品で，風によりゆるやかに動くのが特色。

5　76参照

109 テオティウアカンの都市遺跡

メキシコ1

アメリカ大陸の原住民の建築は、世界の建築芸術を比較する上できわめて重要である。なぜならそれは、他の地域から孤立して発達したものだからである。むかし大西洋上に大陸があってヨーロッパとアメリカをつないでいたとか、エジプト人が葦《あし》舟にのって古代東方文化をアメリカに伝えたという説もある。しかし紀元前何千年もまえのことは別として、われわれが今問題としている建築文化は、せいぜい紀元前後ごろ以後発展したものである。それ以来コロンブスまで、アメリカとヨーロッパやアジアとの間に文化交流はなかった。

アメリカ両大陸のなかで、建築が造形的に最も高度の発達をとげた地域は、メキシコと中央アメリカである。この地域には種々の民族が興亡し、各所に多彩な建築遺跡をのこした。そのうち比較的初期に属し、しかも大規模なのはテオティウアカン[1]の遺跡である。テオティウアカンはメキシコ・シティーの東北約五〇キロの熔岩台地上にあり、紀元前一世紀ごろから後七世紀ごろまで栄えた都市の跡である。

上図に示したのは最も重要な宗教施設のある一画である。「月のピラミッド」の上から南をみたもので、右下にその祭壇があり、それより南へ真直ぐにメイン・ストリートが走っている。道の左右には付属神殿の基壇などが整然とならび、左手には大きな「太陽のピラミッド」[2]があり、その向うにはクェツァルコートルの神域[3]がみえる。右手には宮殿などが続き、さらに周囲には碁盤目状の町割りをもつ市民の居住区があった。下図はクェツァルコートルの神域の一部である。神域は一辺約四〇〇メートルの正方形をなし、中央奥よりにピラミッド状の神殿があり、周囲に土手をめぐらし、土手の上に小神殿を配列した。図はその土手を内側からみたもので、四つの砲台のようなものが小神殿の基壇である。すべて直交座標系にもとづく整然たる幾何学的構成である。このように都市や神域を直交座標系によって構成する点は、古代ローマ[4]や中国に近い。

1 Teotihuacán
2 基部の一辺は225mでギゼーの第一ピラミッド（59注4）とほぼ同じく，高さは65mで約半分。なおメキシコのピラミッドについては次項参照。
3 Temple of Quetzalcoatl　羽根で蔽われた蛇神を祀る。なおこの神域全体は「城塞 Ciudadela」とよばれている。
4 51，53参照

239——238

110 マヤのピラミッド　メキシコ2

前項でのべたテオティウアカンにもピラミッドがあった。しかしメキシコのピラミッドは、エジプトの場合のように墓ではなく、高い基壇であって、その上に祠堂が建つのが原則である。したがって、むしろメソポタミアのジッグラト[1]に近い。このようなピラミッド形神殿はメキシコの宗教建築の伝統的形式となり、一六世紀にスペイン人がキリスト教を広めるまで行なわれる。そして地方により、時代により、さまざまな形態上の変化を示す。ここではそのうち、マヤのピラミッドの二例をかかげた。

マヤはユカタン半島の平野を中心として興った国で、紀元前後ごろから一五世紀まで続いたが、造営活動が盛んであったのは七―一二世紀ごろで、造形的にも高度の発達をとげた。チチェン・イツァ、ウシュマルなどにはそのころの豊富な建築遺産をみることができる。見わたすかぎり平らに続く緑の樹海のあちこちに、うず高く盛り上がって見える白いものが、マヤのピラミッドの遺跡である。

上図はチチェン・イツァの「城《カスティリョ》」[2]とよばれるピラミッド形神殿で、最もよく保存されている。一辺五五メートルの正方形プランで、隅の部分がやや円味を帯びている。全面を石で蔽い、四方に急勾配の階段をつけ、各層に水平繰型とよろい[3]のような凹凸をつける。頂上には長方形平入りの祀堂があり、北側に二本の円柱を立てた玄関を開く。

下図はウシュマルの「魔法使いの家」[4]とよばれる神殿である。この方は長径七七メートルの楕円形プランをもち、平たい両側に約五〇度の勾配の階段をつける。斜面は三段に築き、自然石を丁寧に貼っていたが、今はかなり荒れている。頂上には細長い祀堂が建つ。なおこの神殿は、もとは比較的小さいものだったのを、数次の増築により現在のように大きくしたもので、西面にはその過程を示す各時期の構造をみることができる。

上図も下図も、ともに「塚」[5]の建築のヴァリエーションとして興味深い。

1　46参照
2　Castillo, Chichen Itza　11～12世紀。
3　7注1
4　Casa del Adivino, Uxmal　7世紀・9世紀　下図は東南からみたもの。
5　3参照

241——240

111 ウシュマルの尼僧院　メキシコ3

ウシュマルには神殿建築のほか、人間の居住した建物がいくつか遺っている。「長官の家」「鳩の家」「尼僧院」とよばれているものなどがそれである。これらのうち最もよくまとまって当初の状態を保っているのは「尼僧院」[1]である。(上図) この一画は、ほぼ正方形に配置された四つの細長い建物からなり、おそらく僧侶の住房であったと思われる。南(上図で左)が正面で、南側の建物の中央部に通路があり、そこから中庭に入る。中庭は地盤がやや高く、奥で少し狭《せば》まった台形をなす。左右の基壇上にほぼ同形の建物がある。北の奥には高い基壇が築かれ、その上に最も大きな建物が建つ。奥の建物の基壇の前面左右には、入口に角《かく》柱を立てた二つの小神殿が付属する。(下図)

　中庭を囲む四つの建物は、どれも中央に縦方向の壁がとおり、それで前後に区画され、さらに横方向の壁で小さな室に区分されている。各室の内部は、石を水平に迫《せ》り出した三角の山形天井で蔽われ、屋根は平らである。しかし戸口の上だけは木製の楣《まぐさ》[2]を用いている。外壁面の扱いは、戸口の上縁を境にして上・下二段に分ける。下部は大体において平滑な壁面とし、上部は複雑きわまりない彫刻で埋める。それらの彫刻のモチーフは神像・人像・動物・草葺小屋など各種各様であるが、共通の地文となっているのは斜め格子《ごうし》である。上図の手前の建物には細かい格子、下図には飾りのついた大柄の格子がみえている。これらの斜め格子の形は、小枝などをかごのように組み合わせた木造建築の壁からきていると思われる。

　四つの建物をロ字形に配置したこの僧院の構成は、中国住宅の基本的配置である「四合院」[3]の形式に似ている。また僧侶の各個室の出入口が中庭に面してならんでいる様子は、インドの石窟寺院のヴィハラ窟[4]を想い出させる。しかもこの僧院の建築は、それらと無関係に発達したものであるから、なおさら興味深い。

1　Cuadrangulo de las Manjas, Uxmal　10世紀。
2　41注5
3　四合院　中庭の奥に主屋，その左右と手前に副屋をロ形に配置した伝統的中国住宅の形式。
4　33参照

243——242

112 マヤ建築の細部

メキシコ4

マヤの建築の主要材料は良質の石灰岩である。加工し易く、しかも粘りがあって、大理石に近い性質をもつため、精密な加工に適し、透し彫りをすることもできる。マヤ人はこのような石材を用い、建物の外壁面を美事に構成した。ここではマヤの壁面構成のうち、傾向の違った取り扱いを示す二つの例をあげよう。

上図はウシュマルの「亀の家」[1]の東妻である。軒に何匹もの亀の彫刻をつけているので、水神を祀る神殿であったと言われる。三つの戸口の上の水平帯を境にして、上・下で扱いを変えている。下方は全く装飾を施さない平坦な面からなる。上方の主要部は、細い円柱をならべたような広い帯である。これはマヤ建築にしばしばあらわれる細部で、現在もこの地方にみられる民家の、細い丸太を縦に密にならべた壁と関係があるようである。この円柱帯は、下方の壁面より少し外に張り出しているので、建物全体はやや頭が大きくみえる。円柱帯の上・下の繰型は同形式で、真中に細い平縁《ひらぶち》[2]を通し、その上と下に外開きの斜面をつける。これもマヤ独特の細部形式である。にもかかわらずこの神殿の立面は、垂直・水平の要素が適切なバランスを保ち、どこかギリシア建築に似た印象を与える。

下図はウシュマルの東方にあるカバーの遺跡のコッズ・ポープ神殿[3]の一部である。これは立面全体が濃密な彫刻で蔽われた例である。彫刻の主題は雨神チャクの無数の顔である。長く突出しているのが鼻で、その両側に丸い眼玉があり、下に歯のはえた口を開き、目の両脇には隣りと共有の四角い耳がある。特に目立つのは長い鼻であるが、大部分は破損し、当初のままのは右上にみえる一本だけで、象の鼻のように上向きに巻いている。この壁面は、装飾の濃厚さという点からはヨーロッパのバロック[4]にも似ている。しかし装飾彫刻の線が直角を基本としている点や、とくに鉤《かぎ》状の突起がある点などからすると、中国殷《いん》代の青銅器[5]の造形感覚に近い。

1　Casa de las Tortugas, Uxmal　10世紀ごろ。
2　平縁　矩形断面の細く平坦な繰型（18注８）。
3　Codz-Poop, Kabáh　９世紀ごろ
4　たとえば86参照
5　B.C.1500—1000年ごろ中国でつくられた青銅器で，表面にグロテスクな獣面などの文様があり，いぼのような突起やかぎのついたものが多い。

245——244

あとがき

私が今までに見てあるくことのできた建築物の数は、さほど多くはない。しかし私は、それらの建築物の美によって、強く深い感動をうけた。それは、私がこの世に生きているということによって得られた最大の喜びであった。私はこの感動を少しでも多くの人びとに伝え、その喜びを共にしてもらいたいと願って本書を書いた。それが、私にこのような幸福が与えられたことに対する社会への、せめてもの御恩返しであると信じたからである。ただ本書で、この意図がどの程度成就されたかということになると、すこぶる不安である。不完全な図版や舌足らずの文章を見なおしてみて、この感は一そう強い。しかし、できるかぎりの努力はした。

本書の成立について、直接・間接に御世話になった人びとの名をあげれば際限がない。ここでは直接御世話になった人の名をあげるにとどめる。横浜国立大学建築史・建築芸術研究室の吉田鋼市君は資料の探索や印刷の校正に積極的に協力された。同研究室の高橋瑞江君は暑い最中に原稿の清書や整理に尽力された。また出版に関しては、もとより鹿島出版会に終始一貫御世話になった。以上、文末ながら深甚の謝意を表する次第である。

［著者］
井上充夫（いのうえ・みつお）
建築史家。一九一八年京都生まれ。一九四二年東京工業大学建築学科卒業。一九四九年横浜国立大学講師、一九五〇年同助教授、一九六六年同教授。一九八四年同名誉教授。工学博士。二〇〇二年逝去。
主著に『日本建築の空間』『建築美論の歩み』鹿島出版会、『建築史』『建築芸術論序説』理工図書など。

本書は一九八一年に小社のシルバーシリーズとして刊行した同名書籍の新装版です。

SD選書264
建築《けんちく》美《び》の世界《せかい》　鑑賞《かんしょう》・分析《ぶんせき》・比較《ひかく》

二〇一四年九月一五日　第一刷発行

著者　井上充夫《いのうえみつお》
発行者　坪内文生
発行所　鹿島出版会
〒一〇四―〇〇二八　東京都中央区八重洲二―五―一四
電話〇三（六二〇二）五二〇〇
振替〇〇一六〇―二―一八〇八八三

印刷・製本　三美印刷

ISBN 978-4-306-05264-2　C1352

本書の内容に関するご意見・ご感想は左記までお寄せください。
URL: http://www.kajima-publishing.co.jp　e-mail: info@kajima-publishing.co.jp

SD選書目録

四六判（＊＝品切）

001 現代デザイン入門　勝見勝著
002* 現代建築12章　L・カーン他著　山本学治訳編
003* 都市とデザイン　栗田勇著
004* 江戸と江戸城　内藤昌著
005 日本デザイン論　伊藤ていじ著
006* ギリシア神話と壺絵　沢柳大五郎著
007 フランク・ロイド・ライト　谷川正己著
008 きもの文化史　河鰭実英著
009 素材と造形の歴史　山本学治著
010* 今日の装飾芸術　ル・コルビュジエ著　前川国男訳
011 コミュニティとプライバシイ　C・アレグザンダー著　岡田新一訳
012* 新桂離宮論　内藤昌著
013* 日本の工匠　伊藤ていじ著
014 現代絵画の解剖　木村重信著
015 ユルバニスム　ル・コルビュジエ著　樋口清訳
016* デザインと心理学　穐山貞登著
017 私と日本建築　A・レーモンド著　三沢浩訳
018* 現代建築を創る人々　神代雄一郎編
019 芸術空間の系譜　高階秀爾著
020 日本美の特質　吉村貞司著
021 建築をめざして　ル・コルビュジエ著　吉阪隆正訳
022* メガロポリス　J・ゴットマン著　木内信蔵訳
023 日本の庭園　田中正大著
024* 明日の演劇空間　尾崎宏次著
025 都市形成の歴史　A・コーン著　星野芳久訳
026* 近代絵画　A・オザンファン他著　吉川逸治訳
027 イタリアの美術　A・ブラント著　中森義宗訳
028 明日の田園都市　E・ハワード著　長素連訳
029* 移動空間論　川添登著
030* 日本の近世住宅　平井聖著
031* 新しい都市交通　B・リチャーズ著　曽根幸一他訳
032* 人間環境の未来像　W・R・イーウォルド編　磯村英一他訳
033 輝く都市　ル・コルビュジエ著　坂倉準三訳
034 アルヴァ・アアルト　武藤章著
035* 幻想の建築　坂崎乙郎著
036* カテドラルを建てた人びと　J・ジャンペル著　飯田喜四郎訳
037 日本建築の空間　井上充夫著
038* 環境開発論　浅田孝著
039* 都市と娯楽　加藤秀俊著
040* 郊外都市論　H・カーヴァー著　志水英樹訳
041* 都市文明の源流と系譜　藤岡謙二郎著
042* 道具考　榮久庵憲司著
043 ヨーロッパの造園　岡崎文彬著
044* 未来の交通　H・ヘルマン著　岡寿麿訳
045* 古代技術　H・ディールス著　平田寛訳
046* キュビスムへの道　D・H・カーンワイラー著　千足伸行訳
047* 近代建築再考　藤井正一郎著
048* 古代科学　J・L・ハイベルク著　平田寛訳
049 住宅論　篠原一男著
050* ヨーロッパの住宅建築　S・カンタクシーノ著　山下和正訳
051* 都市の魅力　清水馨八郎、服部銈二郎著
052* 東照宮　大河直躬著
053 茶匠と建築　中村昌生著
054* 住居空間の人類学　石毛直道著
055 空間の生命 人間と建築　坂崎乙郎著
056* 環境とデザイン　G・エクボ著　久保貞訳
057* 日本美の意匠　水尾比呂志著
058* 新しい都市の人間像　R・イールズ他編　木内信蔵監訳
059 京の町家　島村昇他編
060* 都市問題とは何か　R・パーノン著　片桐達夫訳
061 住まいの原型Ⅰ　泉靖一編
062* コミュニティ計画の系譜　佐々木宏著
063* 近代建築　V・スカーリー著　長尾重武訳
064* SD海外建築情報Ⅰ　岡田新一編
065* SD海外建築情報Ⅱ　岡田新一編
066 天上の館　J・サマーソン著　鈴木博之訳
067 木の文化　小原二郎著
068* SD海外建築情報Ⅲ　岡田新一編
069* 地域・環境・計画　水谷穎介著
070* 都市虚構論　池田亮二著
071 現代建築事典　W・ペーント編　浜口隆一他日本語版監修
072* ヴィラール・ド・オヌクールの画帖　藤本康雄著
073* タウンスケープ　T・シャープ著　長素連他訳
074* 現代建築の源流と動向　L・ヒルベルザイマー著　渡辺明次訳
075* 部族社会の芸術家　M・W・スミス編　木村重信他訳
076 キモノ・マインド　B・ルドフスキー著　新庄哲夫訳
077 住まいの原型Ⅱ　吉阪隆正他著
078 実存・空間・建築　C・ノルベルグ＝シュルツ著　加藤邦男訳
079* SD海外建築情報Ⅳ　岡田新一編
080* 都市の開発と保存　上田篤、鳴海邦碩編
081* 爆発するメトロポリス　W・H・ホワイトJr.他著　小島将志訳
082* アメリカの建築とアーバニズム(上)　V・スカーリー著　香山壽夫訳
083* アメリカの建築とアーバニズム(下)　V・スカーリー著　香山壽夫訳
084* 海上都市　菊竹清訓著
085* アーバン・ゲーム　M・ケンツレン著　北原理雄訳

086* 建築2000 C・ジェンクス著 工藤国雄訳
087* 日本の公園 田中正大著
088* 現代芸術の冒険 O・ビハリメリン著 坂崎乙郎他訳
089* 江戸建築と本途帳 西和夫著
090* 大きな都市小さな部屋 渡辺武信著
091* イギリス建築の新傾向 R・ランダウ著 鈴木博之訳
092* SD海外建築情報Ⅴ 岡田新一編
093* IDの世界 豊口協著
094* 交通圏の発見 有末武夫著
095 建築とは何か B・タウト著 篠田英雄訳
096* 続住宅論 篠原一男著
097* 建築の現在 長谷川堯著
098* 都市の景観 G・カレン著 北原理雄訳
099* SD海外建築情報Ⅵ 岡田新一編
100* 都市空間と建築 U・コンラーツ著 伊藤哲夫訳
101* 環境ゲーム T・クロスビイ著 松平誠訳
102* アテネ憲章 ル・コルビュジエ著 吉阪隆正訳
103* プライド・オブ・プレイス シヴィック・トラスト著 井手久登他訳
104* 構造と空間の感覚 F・ウイルソン著 山本学治他訳
105* 現代民家と住環境体 大野勝彦著
106* 光の死 H・ゼーデルマイヤ著 森洋子訳
107* アメリカ建築の新方向 R・スターン著 鈴木一訳
108* 近代都市計画の起源 L・ベネヴォロ著 横山正訳
109* 中国の住宅 劉敦楨著 田中淡他訳
110* 現代のコートハウス D・マッキントッシュ著 北原理雄訳
111 モデュロールⅠ ル・コルビュジエ著 吉阪隆正訳
112 モデュロールⅡ ル・コルビュジエ著 吉阪隆正訳
113* 建築の史的原型を探る B・ゼーヴィ著 鈴木美治訳
114 西欧の芸術1 ロマネスク上 H・フォシヨン著 神沢栄三他訳
115 西欧の芸術1 ロマネスク下 H・フォシヨン著 神沢栄三他訳
116 西欧の芸術2 ゴシック上 H・フォシヨン著 神沢栄三他訳
117 西欧の芸術2 ゴシック下 H・フォシヨン著 神沢栄三他訳
118* アメリカ大都市の死と生 J・ジェイコブス著 黒川紀章訳
119* 遊び場の計画 R・ダットナー著 神谷五男他訳
120 人間の家 ル・コルビュジエ他著 西沢信弥訳
121* 街路の意味 竹山実著
122* パルテノンの建築家たち R・カーペンター著 松島道也訳
123 ライトと日本 谷川正己著
124 空間としての建築(上) B・ゼーヴィ著 栗田勇訳
125 空間としての建築(下) B・ゼーヴィ著 栗田勇訳
126 かいわい[日本の都市空間] 材野博司著
127* 歩行者革命 S・プライネス他著 岡並木監訳
128 オレゴン大学の実験 C・アレグザンダー著 宮本雅明訳
129* 都市はふるさとか F・レンツローマイス著 武基雄他訳
130* 建築空間[尺度について] P・ブドン著 中村貴志訳
131* アメリカ住宅論 V・スカーリーJr.著 長尾重武訳
132* タリアセンへの道 谷川正己著
133* 建築VS.ハウジング M・ポウリー著 山下和正訳
134* 思想としての建築 栗田勇著
135* 人間のための都市 P・ペーターズ著 河合正一訳
136* 都市憲章 磯村英一著
137* 巨匠たちの時代 R・バンハム著 山下泉訳
138 三つの人間機構 ル・コルビュジエ著 山口知之訳
139 インターナショナル・スタイル H・R・ヒッチコック他著 武沢秀一訳
140 北欧の建築 S・E・ラスムッセン著 吉田鉄郎訳
141* 続建築とは何か B・タウト著 篠田英雄訳
142* 四つの交通路 ル・コルビュジエ著 井田安弘訳
143 ラスベガス R・ヴェンチューリ他著 石井和紘他訳
144 ル・コルビュジエ C・ジェンクス著 佐々木宏訳
145* デザインの認識 R・ソマー著 加藤常雄訳
146* 鏡[虚構の空間] 由水常雄著
147* イタリア都市再生の論理 陣内秀信著
148 東方への旅 ル・コルビュジエ著 石井勉他訳
149 建築鑑賞入門 W・W・コーディル他著 六鹿正治訳
150* 近代建築の失敗 P・ブレイク著 星野郁美訳
151* 文化財と建築史 関野克著
152* 日本の近代建築(上)その成立過程 稲垣栄三著
153* 日本の近代建築(下)その成立過程 稲垣栄三著
154 住宅と宮殿 ル・コルビュジエ著 井田安弘訳
155* イタリアの現代建築 V・グレゴッティ著 松井宏方訳
156 バウハウス[その建築造形理念] 杉本俊多著
157 エスプリ・ヌーヴォー[近代建築名鑑] ル・コルビュジエ著 山口知之訳
158* 建築について(上) F・L・ライト著 谷川睦子他訳
159 建築について(下) F・L・ライト著 谷川睦子他訳
160* 建築形態のダイナミクス(上) R・アルンハイム著 乾正雄訳
161 建築形態のダイナミクス(下) R・アルンハイム著 乾正雄訳
162 見えがくれする都市 槇文彦他著
163* 街の景観 G・バーク著 長素連他訳
164 環境計画論 田村明著
165* アドルフ・ロース 伊藤哲夫著
166* 空間と情緒 箱崎総一著
167 水空間の演出 鈴木信宏著
168* モラリティと建築 D・ワトキン著 榎本弘之訳
169* ペルシア建築 A・U・ポープ著 石井昭訳
170* ブルネッレスキ ルネサンス建築の開花 G・C・アルガン著 浅井朋子訳
171 装置としての都市 月尾嘉男著
172 建築家の発想 石井和紘著
173 日本の空間構造 吉村貞司著
174 建築の多様性と対立性 R・ヴェンチューリ著 伊藤公文訳
175 広場の造形 C・ジッテ著 大石敏雄訳
176 西洋建築様式史(上) F・バウムガルト著 杉本俊多訳
177 西洋建築様式史(下) F・バウムガルト著 杉本俊多訳
178 木のこころ 木匠回想記 G・ナカシマ著 神代雄一郎他訳

179* 風土に生きる建築　若山滋著
180* 金沢の町家　島村昇著
181* ジュゼッペ・テッラーニ　B・ゼーヴィ編　鵜沢隆訳
182* 水のデザイン　D・ベーミングハウス著　鈴木信宏訳
183* ゴシック建築の構造　R・マーク著　飯田喜四郎訳
184 建築家なしの建築　B・ルドフスキー著　渡辺武信訳
185* プレシジョン(上)　ル・コルビュジエ著　井田安弘他訳
186 プレシジョン(下)　ル・コルビュジエ著　井田安弘他訳
187* オットー・ワーグナー　H・ゲレツェッガー他著　伊藤哲夫他訳
188 環境照明のデザイン　石井幹子著
189 ルイス・マンフォード　木原武一著
190 「いえ」と「まち」　鈴木成文他著
191 アルド・ロッシ自伝　A・ロッシ著　三宅理一訳
192 屋外彫刻　M・A・ロビネット著　千葉成夫訳
193 「作庭記」からみた造園　飛田範夫著
194 トーネット曲木家具　K・マンク著　宿輪吉之典訳
195 劇場の構図　清水裕之著
196 オーギュスト・ペレ　吉田鋼市著
197 アントニオ・ガウディ　鳥居徳敏著
198 インテリアデザインとは何か　三輪正弘著
199* 都市住居の空間構成　東孝光著
200 ヴェネツィア　陣内秀信著
201 自然な構造体　F・オットー著　岩村和夫訳
202 椅子のデザイン小史　大廣保行著
203 都市の道具　GK研究所、榮久庵祥二著
204 ミース・ファン・デル・ローエ　D・スペース著　平野哲行訳
205 表現主義の建築(上)　W・ペーント著　長谷川章訳
206* 表現主義の建築(下)　W・ペーント著　長谷川章訳
207 カルロ・スカルパ　A・F・マルチャノ著　浜口オサミ訳
208* 都市の街割　材野博司著
209 日本の伝統工具　土田一郎著　秋山実写真

210 まちづくりの新しい理論　C・アレグザンダー他著　難波和彦監訳
211* 建築環境論　岩村和夫著
212 建築計画の展開　W・M・ペニヤ著　本田邦夫訳
213 スペイン建築の特質　F・チュエッカ著　鳥居徳敏訳
214* アメリカ建築の巨匠たち　P・ブレイク他著　小林克弘他訳
215* 行動・文化とデザイン　清水忠男著
216 環境デザインの思想　三輪正弘著
217 ボッロミーニ　G・C・アルガン著　長谷川正允訳
218 ヴィオレ・ル・デュク　羽生修二著
219 トニー・ガルニエ　吉田鋼市著
220 住環境の都市形態　P・パヌレ他著　佐藤方俊訳
221 古典建築の失われた意味　G・ハーシー著　白井秀和訳
222 パラディオへの招待　長尾重武著
223* ディスプレイデザイン　魚成祥一郎監修　清家清序文
224 芸術としての建築　S・アバークロンビー著　白井秀和訳
225 フラクタル造形　三井秀樹著
226 ウイリアム・モリス　藤田治彦著
227 エーロ・サーリネン　穂積信夫著
228 都市デザインの系譜　相田武文、土屋和男著
229 サウンドスケープ　鳥越けい子著
230 風景のコスモロジー　吉村元男著
231 庭園から都市へ　材野博司著
232 都市・住宅論　東孝光著
233 ふれあい空間のデザイン　清水忠男著
234 さあ横になって食べよう　B・ルドフスキー著　多田道太郎監修
235 間(ま)——日本建築の意匠　神代雄一郎著
236 都市デザイン　J・バーネット著　兼田敏之訳
237 建築家・吉田鉄郎の『日本の住宅』　吉田鉄郎著
238 建築家・吉田鉄郎の『日本の建築』　吉田鉄郎著
239 建築家・吉田鉄郎の『日本の庭園』　吉田鉄郎著
240 建築史の基礎概念　P・フランクル著　香山壽夫監訳

241 アーツ・アンド・クラフツの建築　片木篤著
242 ミース再考　K・フランプトン他著　澤村明＋EAT訳
243 歴史と風土の中で　山本学治建築論集①
244 造型と構造と　山本学治建築論集②
245 創造するこころ　山本学治建築論集③
246 アントニン・レーモンドの建築　三沢浩著
247 神殿か獄舎か　長谷川堯著
248 ルイス・カーン建築論集　ルイス・カーン著　前田忠直編訳
249 映画に見る近代建築　D・アルブレヒト著　萩正勝訳
250 様式の上にあれ　村野藤吾著作選
251 コラージュ・シティ　C・ロウ、F・コッター著　渡辺真理著
252 記憶に残る場所　D・リンドン、C・W・ムーア著　有岡孝訳
253 エスノ・アーキテクチュア　太田邦夫著
254 時間の中の都市　K・リンチ著　東京大学大谷幸夫研究室訳
255 建築十字軍　ル・コルビュジエ著　井田安弘訳
256 機能主義理論の系譜　E・R・デ・ザーコ著　山本学治他訳
257 都市の原理　J・ジェイコブズ著　中江利忠他訳
258 建物のあいだのアクティビティ　J・ゲール著　北原理雄訳
259 人間主義の建築　G・スコット著　邉見浩久、坂牛卓監訳
260 環境としての建築　R・バンハム著　堀江悟郎訳
261 パタン・ランゲージによる住宅の生産　C・アレグザンダー他著　中埜博監訳
262 褐色の三十年　L・マンフォード著　富岡義人訳
263 形の合成に関するノート／都市はツリーではない　C・アレグザンダー著　稲葉武司、押野見邦英訳
264 建築美の世界　井上充夫著